블루오션 경영

블루오션 경영

김위찬, 르네 마보안 지음
김주희 옮김

유엑스 리뷰

차례

들어가며

레드오션 VS 블루오션

레드오션은 오늘날 존재하는 모든 산업, 즉 알려진 시장 공간을 의미한다. 레드오션에서의 산업경계는 정의되고 수용되며 게임의 경쟁규칙도 널리 알려져 있다. 레드오션에서 기업들은 기존의 수요에서 더 많은 몫을 차지하기 위하여 경쟁자들보다 앞서려 노력한다. 시장 공간이 붐빌수록 이윤과 성장은 줄어든다. 제품은 누구나 따라 만들 수 있는 기본 상품이 되어 출혈, 핏빛 경쟁으로 이어진다. 그래서 레드오션이라는 이름이 붙은 것이다.

반면, 블루오션은 현재 존재하지 않는 모든 산업, 즉 알려지지 않고 경쟁으로 물들지 않은 시장 공간을 의미한다. 블루오션에서는 수요를 두고 싸우는 것이 아니라 수요를 창출한다. 높은 이윤과 빠른 성장을 위한 충분한 기회가 주어진다.

블루오션에서는 게임의 규칙이 정해져 있는 것이 아니라 새롭게 정하기 때문에 경쟁이 무의미하다. 블루오션은 탐사되지 않은 시장 공간에서 찾을 수 있는 더 광범위하고 깊은 잠재력을 나타내는 비유적인 표현이다. 블루오션은 방대하고 깊으며 기회와 성장 면에서 강력한 힘을 가진다.

세계에서 가장 상징적이고 영향력 있는 전략 이론 중 하나로 인정받는 '블루오션 전략'에서는 출혈경쟁의 결과는 점점 줄어들고 있는 이윤을 두고 싸우는 경쟁자들의 핏빛 레드오션일 뿐이라고 주장한다.

30개 산업을 대상으로 한, 150가지 전략적 행보에 대한 100년 이상에 걸친 연구에 기반을 둔 블루오션 전략은, 지속적 성공이란 경쟁자들 간의 전쟁에서 생기는 것이 아니라, 성장 전망이 있는 활용되지 않은 신규 시장 공간인 '블루오션'의 생성에서 나온다는 것을 보여준다. 블루오션 전략은 경쟁을 무의미하

게 만들고 자신만의 블루오션을 확보할 수 있
는 체계적인 접근방식을 제시한다.

**이 책은 독자들에게 다음의 사항을 돌아보
게 해줄 것이다:**

- 블루오션 전략이 이론으로서 어떤 차별
  점이 있는가?
- 블루오션 전략이 고전적인 차별화 전략
  이나 저비용 전략과 어떻게 다른가?
- 시장의 경계를 어떻게 재구축하는가?
- 왜 큰 그림에 집중해야 하는가?
- 기존 수요를 어떻게 뛰어넘는가?
- 조직적 장애물을 어떻게 극복하는가?
- 실행을 어떻게 전략으로 바꾸는가?

블루오션 전략에서 블루오션 리더십으로

블루오션 리더십은 조직에서 활용되지 않은 재능과 직원들의 잠재력을 발현시킬 수 있는 전략적 방법이다. 직원들의 재능과 에너지를 고의로 활용하지 않은 채 내버려 두려는 리더는 없다. 그리고 직원들의 적극적이지 못한 태도에도 일부 책임이 있다. 직면한 상황이 어떠하든 열정적이고 최선을 다하는 사람들은 존재하기 때문이다. 그렇긴 하지만 리더의 역할이 높은 성과를 이끌어내는 일이라면 어떻게 이 상황을 전환시키는지 이해하는 것이 중요하다.

그 발현되지 않은 재능과 에너지는 '블루오션 리더십'이라는 접근법을 통해 효과적으로 구현될 수 있다. 주로 심리학과 인지과학을 근거로 하는 다른 리더십 분야의 연구들과는 다르게, 블루오션 리더십은 리더십 관행에 정보와 통찰을 제공할 수 있는 전략적 분야이다. 블루오션 전략을 기반으로 새로운 시장 공간 및 신규 수요를 창출하면서 동시에 대부분의 조직에서 숨겨져 있는 채 발현되지 못한 재능 및 에너지를 구현하려는 리더십의 도전 과제에 분석적 틀을 제시하는 것이다. 여기서 '블루오션'이라는 비유는 올바른 리더십으로 조직이 구현할 수 있는 활용되지 않은 직원들의 넓고 깊은 잠재력을 의미한다.

블루오션 리더십은 리더의 역할을 조직 내 구성원들이 '선택'하거나 '선택하지 않은' 서비스로 본다. 리더들이 하는 행동 및 활동 중 무엇을 제거하고 감소해야 하며 무엇을 늘리고 생성해야 하는지 집중하여 영향력과 비용 간에 하나를 선택해야 하는 상황을 깨버린다. 리더십에서 높은 영향력의 의미는 직원들이 높은 사기와 참여로 업무 성과를 도출해내도록 하는 것이며, 이를 리더들의 가장 비싸고 제한된 자원인 '시간'의 투자를 줄이며 저비용으로 달성하는 것이 바로 블루오션 리더십이다. 이 새로운 리더십 개념은 당신의 조직 내에서 실현되지 않은 재능과 에너지를 저비용으로 빠르게 발현시키는 체계적인 방법을 제공할 것이다. 여러분은 가장 소중한 자원인 '시간'을 절약하면서도 조직 발전을 이룰 수 있을 것이다.

유엑스리뷰 편집부

1부 블루오션 전략

아코디언 연주가이자 죽마곡예사, 불을 먹는 곡예사였던 기 랄리베르테(Guy Laliberté) 이제 캐나다 최대규모 문화수출업체 중 하나인 서큐 드 솔레이(태양의 서커스, Cirque du Soleil)의 CEO다. 거리공연자들이 1984년에 설립한 서큐는 전세계 90개 도시에서 수십 가지의 공연을 올렸고 4천만 명의 관중이 공연을 관람했다. 20년 만에 서큐는 세계적인 서커스 링링 브라더스(Ringling Bros.)와 바넘 앤드 베일리(Barnum & Bailey)가 100년 넘는 세월에 걸쳐 달성한 수익을 기록했다.

서큐가 급성장을 이룬 것은 주변 상황 덕분이 아니었다. 서커스 사업은 장기적인 침체를 겪고 있었다(현재도 마찬가지다). 스포츠 이벤트, TV, 비디오 게임 등 다른 엔터테인먼트 종류의 부상은 서커스 사업에 그림자를 드리웠다. 서커스의 주요 관람객인 아이들은 서커스 공연보다는 플레이스테이션을 좋아했다. 서커스의 핵심인 동물 공연을 반대하는 동물보호단체의 목소리도 높아지고 있던 상황이었다. 공급 면에서는 링링과 기타 서커스 기획사들의 관중몰이 역할을 해오던 스타 공연자들이 더 나은 조건의 대우를 요구하기도 했다. 그 결과, 서커스 산업은 줄어드는 관중과 늘어나는 비용으로 계속해서 타격을 입었다. 뿐만 아니라, 서커스 산업에 새로 진입하는 회사는 지난 한 세기 동안 업계의 기준을 만들어 놓은 만만치 않은 기존 업체를 상대해야 했다.

서큐는 이렇게 좋지 않은 환경에서 지난 10년 만에 어떻게 22배의 수익을 올렸을까? 초창기 서큐 공연의 주제를 보면 알 수 있다. "우리는 서커스를 재창조한다." 서큐는 기존 산업의 한계 내에서 경쟁하거나 링링과 기타 기획사들의 고객을 뺏어오며 수익을 올린 것이 아니다. 서큐는 경쟁이 무의미해지는 경쟁이 없는 시장의 공간을 만들었다. 기존 서커스 고객이 아니었던, 연극, 오페라, 발레 공연을 더 선호했던 성인들과 업체고객들을 새로운 고객으로 끌어들였고 이들은 전례 없는 엔터테인먼트 공연 경험을 위해 기존 서커스 공연보다 훨씬 더 많은 돈을 지불할 수 있는 사람들이었다.

　서큐의 성공의 본질을 이해하기 위하여 두 가지 다른 종류의 공간이 있는 비즈니스 환경을 알아야 한다. 바로 레드오션과 블루오션이다. 레드오션은 오늘날 존재하는 모든 산업을 대표한다. 즉 알려져 있는 시장 공간을 말한다. 레드오션에서는 산업의 경계가 명확하며 게임의 경쟁규칙도 잘 알려져 있다. 이곳에서 기업들은 기존 수요에서 더 많은 점유율을 차지하기 위해 경쟁사를 앞지르려 노력한다. 이 공간이 점점 더 복잡해질수록 이익과 성장의 가능성이 줄어든다. 제품들은 기본품이 되어버리고 늘어난 경쟁으로 투명했던 물은 핏빛 바다가 되어버린다.

　블루오션은 오늘날 존재하지 않는 모든 산업을 의미한다. 즉 경쟁으로 얼룩지지 않은,

알려져 있지 않은 시장 공간을 말한다. 블루오션에서는 수요를 경쟁으로 얻어내는 것이 아니라 수요가 생겨난다. 이윤을 남기는 급성장을 할 수 있는 충분한 기회가 주어진다. 블루오션을 만들 수 있는 두 가지 방법이 있다. 드문 경우에서는 이베이가 온라인경매 산업을 주도했던 것처럼 기업들이 아예 새로운 산업을 만들어낼 수가 있다. 그러나 대부분의 경우, 블루오션은 기업이 기존 산업의 경계를 바꿔버릴 때 레드오션 안에서 생겨난다. 나중에 더 분명해지겠지만, 이것이 바로 서큐의 전략이었다. 서커스와 연극을 분리시켰던 기존의 경계를 부숴버리며 서큐는 서커스 산업의 레드오션에서 새로운 이윤을 만들 수 있는 블루오션을 만들어냈다.

서큐는 우리가 100년 이상 동안의 데이터

를 사용하여 30개 이상 산업에서 연구한 150개 이상의 블루오션 중 하나의 예시일 뿐이다. 우리는 블루오션을 만들어낸 기업들과 레드오션에 사로잡힌 성공하지 못한 경쟁기업들을 분석했다. 우리는 데이터를 분석하며 새로운 시장과 산업을 창출할 때 일관적으로 나타나는 전략적 사고의 패턴이 있다는 것을 관찰했다. 이것을 우리는 블루오션 전략이라 부른다. 블루오션 전략의 논리는 기존 시장 공간의 경쟁에 초점을 맞추는 전통적인 모델과는 전혀 다르다. 실제로 경쟁에서 벗어나려고 하는 기업들이 어려움을 마주하게 되는 것은 관리자들이 레드오션과 블루오션 전략의 차이를 이해하지 못하기 때문이라고 할 수 있다.

아이디어 요약

이윤을 창출하는 성장을 도모하기 위한 최고의 방법은 무엇일까? 피 터지는 업계에서의 경쟁을 관둬야 한다. 레드오션에서 기업들은 기존의 수요에서 더 많은 몫을 가져가기 위해 경쟁사들을 앞지르려 노력한다. 그 공간이 더욱더 붐빌수록 이윤과 성장전망은 줄어든다. 제품들은 기본품이 되고 더 극심한 경쟁으로 투명했던 물이 핏빛으로 변해버린다.

경쟁을 어떻게 피할 수 있을까? 김위찬 교수와 모보르뉴 교수는 블루오션을 만들 것을 권고한다. 즉 경쟁이 의미가 없어지는 경쟁이 없는 시장을 의미한다. 블루오션에서는 수요를 만들어내고 새로운 수요를 포착한다. 그리하여 고객들에게 더 높은 가치를 제공하면서도 비용을 줄이게 된다. 결과는 어떨까? 상당한 수익과 빠른 성장, 경쟁사가 따라오기 힘들 정도로 수십 년간 지속되는 브랜드자산을 얻게 된다.

서큐 드 솔레이는 전통적인 서커스와 고급스러운 극장의 요소를 결합하여 새로운 산업을 만들어냈다. 세계적인 서커스 링링 브라더스와 바넘 앤 베일리가 100년 넘게 들여 달성한 수익을 서큐는 20년 만에 기록했다.

이 글에서는 블루오션 전략의 개념과 그 특징을 소개한다. 블루오션 전략을 통한 이익과 성장을 평가하며 왜 이 전략이 기업들의 미래를 위하여 필수적인 사항인지 논의한다. 블루오션 전략을 이해하면 오늘날의 기업들이 급변하고 확장되는 비즈니스 세상에서 성공하는 것에 도움이 되리라 생각한다.

블루오션과 레드오션

블루오션이라는 용어는 새로울 수 있지만 사실 블루오션은 항상 우리 곁에 존재해 왔다. 100년 전을 돌아보며 예전에는 알려져 있지 않았던 산업 중에 지금은 널리 알려진 산업이 무엇이 있는지 떠올려 보자. 자동차, 음

악 녹음, 항공, 석유화학, 제약 및 경영컨설팅처럼 기본적인 산업도 예전에는 들어보지도 못하거나 이제 막 부상하기 시작했던 산업이었다. 이제 시계를 30년 전으로 돌리고 똑같은 질문을 해보자. 또다시 수십억 달러 규모의 산업들이 무더기로 등장한다. 뮤추얼 펀드, 핸드폰, 생명공학, 할인매장, 급송 패키지, 스노보드, 카페, 가정용 비디오테이프 등 끝도 없이 많다. 30년 전만 해도 이러한 산업은 제대로 자리 잡지 못한 상태였다.

아이디어 실천

블루오션 만들기는 어떻게 시작할까? 김위찬 교수와 모보르뉴 교수는 다음 세 가지를 제안한다.

1. 블루오션 전략 기저의 논리를 이해하라.

블루오션 전략 기저에 있는 논리는 반직관적이다.

• 블루오션 전략은 기술 혁신이 아니다. 기술 혁신으로 블루오션이 만들어지는 경우는 드물다. 보통 기반 기술은 이미 존재하며 블루오션을 만드는 자들은 이 기술을 구매자가 가치 있게 생각하는 것과 연결시킨다. 예를 들어 컴팩은 기존 기술을 사용하여 프로

시그니아 서버를 만들어 삼분의 일의 가격에 파일저장능력과 인쇄능력은 두 배인 미니컴퓨터를 출시했다.

• 블루오션을 만든다고 해서 저 멀리 깊은 바다까지 갈 필요는 없다. 대부분의 블루오션은 멀리서가 아니라 이미 존재하는 산업의 레드오션 내에서 만들어진다. 기업들은 자신의 핵심 비즈니스 내에서 블루오션을 만들어내는 경우가 많다. 영화관 산업의 큰손이었던 AMC가 도입한 메가플렉스를 생각해 보자. 메가플렉스는 극장주의 비용은 낮추면서 초대형 스크린에서의 영화관람 체험을 관람객들에게 제공했다.

2. 블루오션 전략을 적용하라.

블루오션 전략 적용 방법:

• 절대 경쟁을 기준으로 삼지 마라. 기업과 고객을 위한 더 높은 가치를 창출하면서 경쟁을 무의미하게 만들라. 포드가 이 전략을 모델 T에 적용했다. 포드는 부자들이 주말 시골여행을 위해 구입하는 유행 맞춤형 자동차 시장에서 우위를 차지하기 위해 노력했을 수도 있었다. 하지만 경쟁사의 차보다 더 저렴하고 오래가며 사용과 수리도 쉬운 일상에서 사용하기에 적합한 자동차를 만들어냈다. 모델 T의 인기는 폭발적이었으며 포드의 시장점유율은 1908년 9%에서 1921년 61%로 급증했다.

• 비용은 줄이고 고객에게는 더 많은 가치를 제공하라. 서큐 드 솔레이는 전통적인 서커스의 동물공연과 구내매점과 같이 비용을 증가시키는 요소를 제거했다. 이렇게 절감

된 비용으로 성인 관중에게 더 매력으로 다가갈 수 있는 고급스러운 요소를 추가할 수 있게 되었다. 매년 공연의 테마, 주제곡, 화려한 세트 등을 바꾸게 된 것이다. 이렇게 새로 부가된 가치는 수년간 서커스를 보지 않았던 성인들을 매료시켰고 이들이 더 자주 공연을 보도록 사로잡았다. 그 결과 수익이 늘어나게 되었다. 서커스와 극장의 최고 장점만을 제공하며 서큐는 그 누구도 따라올 수 없는 새로운 시장 공간을 만들어낸 것이다.

이번에는 시계를 20년 미래로 돌려보자. 지금은 알려져 있지 않지만 미래에는 존재하게 될 산업들이 얼마나 있을까? 만약 역사가 미래를 예측해준다면 그렇게 될 산업은 많다고 해야 할 것이다. 기업들은 새로운 산업을 만들어내고 기존 산업을 재창조할 수 있는 엄청난 능력을 가지고 있다. 산업이 분류되기 위해 필요했던 많은 변화 속에서 이를 확인할 수 있다. 반세기의 역사를 지닌 표준산업분류(SIC) 체계는 1997년 북미산업분류체계(NAICS)로 대체되었다. NAICS는 기존 SIC의 10개 산업부문을 20개로 확장시키며 부상하는 새로운 산업영역(블루오션)을 반영하고자 했다. 예를 들어 SIC 체계의 서비스 부문은 이제 정보, 의료, 사회지원까지 해서 일곱 개 부문으로 나뉘어졌다. 이와 같은 분류체계는

표준과 지속성을 위해 설계되기 때문에 분류
체계가 교체된다는 것은 블루오션 생성이 경
제성장의 원천에 얼마나 유의미한지를 보여
주고 있다.

미래를 바라보면 블루오션이 지속적인 성
장 동력이 되리라는 것은 분명해 보인다. 기
존의 시장 공간인 레드오션의 전망은 대부분
점점 줄어들고 있다. 기술발전으로 산업의 생
산성이 실질적으로 개선되면서 공급업자들이
전례 없이 다양한 제품과 서비스를 생산할 수
있게 되었다. 국가 및 지역 간의 무역장벽이
낮아지고 제품 및 가격에 대한 즉각적인 정보
입수가 전 세계적으로 가능해졌기 때문에 틈
새시장과 독점시장은 계속해서 사라지고 있
다. 뿐만 아니라, 적어도 선진국 시장에서는

수요가 증가하고 있다는 지표가 거의 없으며 최근 UN 통계에 따르면 인구감소 현상이 나타나고 있다. 그 결과, 점점 더 많은 산업에서 공급이 수요를 앞지른다.

이러한 상황은 제품 및 서비스 범용화를 더 빠르게 도래시켰으며 가격전쟁을 일으키고 이윤 마진을 감소시켰다. 최근 연구에 따르면 다양한 제품 및 서비스 항목의 주요 미국 브랜드가 점점 더 서로 비슷해지고 있다고 한다. 브랜드들이 서로 더 닮아가자 사람들은 점점 더 선택의 기준을 가격에 두게 된다. 사람들은 더 이상 예전처럼 빨래 세제는 타이드여야 한다는 말을 하지 않는다. 크레스트 치약이 특별 할인을 하면 굳이 콜게이트 치약을 사지 않는다. 물론 그 반대의 경우도 마찬가지다. 경쟁이 가득한 산업에서는 경기가 좋든 나쁘든 브랜드 차별화가 더 어려워진다.

전략의 역설

안타깝게도 대부분의 기업들은 레드오션에 정박해 있다. 108개 회사의 사업출시 연구에 따르면 새로운 사업출시의 86%가 기존 라인 확장사업이었다. 기존의 산업이 제공하는 것을 조금 더 개선하는 수준인 것이다. 그리고 고작 14%만이 신규 시장 또는 산업 창출을 목표로 하고 있었다. 기존 라인 확장이 총 수익의 62%를 차지하긴 했지만 총 이윤에서는 39%밖에 차지하지 못했다. 반면 신규 시장 및 산업 창출에 투자한 14%는 총 수익의 38%, 그리고 놀랍게도 총 이윤의 61%를 차지했다.

그렇다면 왜 기업들은 레드오션에 치중해 있을까? 한 가지 이유는 기업전략이 군대의 전략의 근간에 크게 영향을 받았다는 점이다. 전략이라는 단어 자체가 군대의 느낌을 주고 있다. '중역,' '본부,' '최전선'과 같은 단어들도 마찬가지다. 군대에서의 전략은 레드오션 경쟁을 의미한다. 적에 맞서서 제한된 영역 내의 전쟁터에서 상대를 몰아내는 것이 목적이다. 반면, 블루오션 전략은 경쟁자가 없는 곳에서 사업을 하는 것이다. 기존의 땅을 나누는 것이 아니라 새로운 땅을 만드는 것이다. 그렇기 때문에 레드오션에 초점을 맞추는 것은 전쟁의 제한적인 요소를 받아들인다는 의미가 된다. 영토도 제한적이고 성공을 위해서는 적을 무너뜨려야 하는 현실을 말이다.

그리고 이는 비즈니스계의 독특한 강점을 부인하는 것이다. 경쟁이 없는 새로운 시장 공간을 창출하는 능력을 말이다.

경쟁상대를 이기는 것에 집중하는 기업전략의 경향은 1970년대와 80년대 일본기업들의 급부상으로 더욱 심각해졌다. 기업역사 최초로 수많은 고객들이 서양의 기업들을 외면하기 시작했다. 전 세계 시장에서 경쟁이 자리 잡자, 수많은 레드오션 전략이 부상하였고 다들 경쟁이 기업 성공과 실패의 핵심이라고 외쳐댔다. 오늘날, 경쟁이라는 단어를 쓰지 않고 전략을 얘기하는 사람은 거의 없다. 이러한 현상을 가장 잘 나타내는 용어가 바로 '경쟁우위'다. 경쟁우위 관점에서는 기업들이 경쟁상대를 앞지르고 기존 시장 공간의 더 많은 점유율을 포착하게 된다.

물론 경쟁은 중요하다. 그러나 경쟁에 집중하면서 학자들과 기업, 컨설턴트들은 전략에 있어 우리가 생각하기에 훨씬 더 이익이 되는 두 가지 요소를 무시해왔다. 한 가지는 경쟁이 거의 없거나 아예 없는 블루오션 시장을 찾아내고 개발하는 것이며 또 다른 하나는 블루오션을 활용하고 지켜내는 것이다. 이와 같은 도전과제는 많은 전략가들이 집중해왔던 것들과는 상당한 차이가 있다.

블루오션 전략을 향하여

블루오션을 만들기 위해 지침이 되어야 할 전략논리에는 무엇이 필요할까? 이 질문에 답하기 위해 블루오션 창출의 100년 역사 데

이터를 분석하여 패턴을 찾고자 했다. 이 데이터 중 일부는 '블루오션 창출 한눈에 보기'에서 확인할 수 있다. 사람들의 삶과 밀접하게 닿아 있는 세 가지 산업에서의 블루오션 창출 예시를 보여주고 있다. 1. 자동차: 사람들이 출근하는 방법, 2. 컴퓨터: 사람들이 직장에서 사용하는 도구, 3. 영화관: 퇴근 후 사람들이 놀러가는 곳. 다음은 우리가 발견한 결과다.

블루오션 창출 한눈에 보기

이 표는 3가지 다른 시대의 3가지 다른 산업에서의 블루오션 창출에 공통적으로 나타난 전략적 요소를 보여주고 있다. 포괄적으로 많은 것을 다루거나 양적으로 너무 많은 것을 포함하는 것이 목적이 아니다. 연구 기간 중 최대 규모이자 규제가 가장 적은 시장이었던 미국 산업을 예시로 삼았다. 다음의 3가지 산업에서 나타난 블루오션 창출 패턴은 연구의 다른 산업에서 관찰된 패턴과도 일관된다.

핵심 블루오션 창출	블루오션 창출 주체가 신규 진입자인가, 기존 업체인가?	창출의 동력은 기술 혁신인가, 가치의 혁신인가?	블루오션 창출 시기에 해당 산업의 상황이 좋았는가, 나빴는가?
컴퓨터			
CTR 타뷸레이팅 머신 1914년 CTR은 타뷸레이팅 머신을 간소화,	기존 업체	가치 혁신 (몇몇 신기술)	나빴음

모듈화하고 임대하면서 비즈니스 기계 산업을 만들었다. CTR은 후에 회사명을 IBM으로 바꾸었다.			
IBM 650 컴퓨터, 시스템/360 1952년, IBM은 기존 기술을 간소화하고 기능과 가격을 낮추어 비즈니스 컴퓨터 산업을 만들었다. 이로 인해 IBM 650으로 창출한 블루오션이 폭파되었고 1964년에는 최초의 모	기존 업체	가치 혁신 (650: 대부분 기존 기술) 가치 및 기술 혁신(시스템/360: 신규 및 기존 기술)	존재하지 않던 산업

듈 화 된 컴퓨터 시스템인 시스템/360을 출시했다.			
애플 PC 최초의 가정용 컴퓨터는 아니었지만 올인원이고 사용하기 간단한 애플II 는 1978년도 출시되며 블루오션을 창출했다.	신규 진입자	가치 혁신(대부분 기존 기술)	나빴음
컴팩 PC 서버 컴팩은 프로시그니아 서버로 1992년 블루오션을 창출한다. 컴팩은 삼분의 일의 가격에 파일	기존 업체	가치 혁신(대부분 기존 기술)	존재하지 않던 산업

저장 및 프린트 능력이 두 배인 미니컴퓨터를 고객들에게 제공했다.			
델 주문형 컴퓨터 1990년대 중반, 델은 고객에게 새로운 구매 및 배송 경험을 제공하며 경쟁이 심하던 산업에서 블루오션을 창출했다.	신규 진입자	가치 혁신(대부분 기존 기술)	나빴음
영화관			
니켈로데온 최초의 니켈로데온은 1905년 오픈하였고 노동자계급			

관객들에게 하루 종일 5센트에 단편 영화를 상영 했다.	신규 진입자	가치 혁신(대 부분 기존 기술)	존재하지 않 던 산업
팰리스 극장 1914년 록시 로타펠이 만 든 극장으로 합리적인 가 격에 오페라 같은 환경에 서의 영화관 람 체험을 제 공했다.	기존 업체	가치 혁신(대 부분 기존 기술)	좋았음
AMC 멀티플 렉스 1960년대 미 국 교외지역 쇼핑몰의 멀 티플렉스 수 가 급증했다. 멀티플렉스 는 극장주의 비용은	기존 업체	가치 혁신(대 부분 기존 기술)	나빴음

낮추면서 관람객에게는 다양한 선택지를 제공했다.			
AMC 메가플렉스 1995년 도입된 메가플렉스는 스타디움처럼 큰 극장에서의 화려한 관람체험을 제공하고 최신 블록버스터 영화를 상영하며 극장주의 비용은 낮추어 주었다.	기존 업체	가치 혁신(대부분 기존 기술)	나빴음

*가치 혁신이 동력이 되었다고 하여 기술이 사용되지 않았음을 의미하는 것은 아니다. 사용된 핵심 기술이 해당 산업 또는 기타 산업에 존재하고 있던 기술임을 의미한다.

블루오션은 기술 혁신이 아니다.

블루오션 창출에 있어 최첨단 기술이 동원
되는 경우도 있지만 이러한 기술 혁신이 본질
적인 특징은 아니다. 기술집약적인 산업에서
도 마찬가지인 경우가 많다. 자료가 보여주듯
이 세 가지 대표 산업 전반에서 기술 혁신 그
자체로 블루오션이 창출된 경우는 거의 없다.
사용된 기반기술은 이미 존재하고 있던 경우
가 많다. 포드의 혁신적인 조립라인조차도 사
실 미국의 정육업에서 사용되었던 기술이다.
자동차산업에서처럼, 컴퓨터 산업의 블루오
션도 단지 기술 혁신만으로 창출된 것이 아니
라 구매자들이 가치를 두고 있는 것과 기술을
연결시킨 것이 핵심이었다. IBM 650과 컴팩
PC 서버처럼, 기술 간소화 과정이 많았다.

기존업체가 자신의 핵심 사업 내에서 블루오션 창출을 하는 경우가 많다

GM, 일본 자동차제조업체, 크라이슬러는 자동차산업에서 블루오션을 창출하였을 때 이미 자리를 잡고 있던 시장 참여자였다. 컴퓨터 산업의 컴팩과 후에 IBM으로 이름을 바꾼 CTR도 마찬가지다. 영화산업의 팰리스와 AMC도 같은 경우이다. 이 표에 나온 기업들 중, 포드, 애플, 델, 니켈로데온 만이 업계 신규 진입자였다. 포드, 애플, 델은 스타트업이었으며 니켈로데온은 기존에 있던 업체였지만 새로운 산업에 뛰어든 것이었다. 이는 기존업체라고 하여 신규 시장 공간을 만들 때 불이익이 있는 것이 아님을 보여준다. 뿐만 아니라, 기존업체는 보통 자신의 핵심사업 내에서 블루오션을 창출한다. 사실 위의 자료가 보여주듯이, 대부분의 블루오션은 기존 산업의 레드오션 너머가 아닌, 그 속에서 창출된다. 이는 신규 시장은 저 멀리 넓은 바다에 있다는 생각에 도전을 던진다. 모든 산업에서 블루오션은 당신 바로 옆에서 찾을 수 있다.

기업과 산업은 잘못된 분석 단위다

전략 분석의 전통적인 단위인 기업과 산업은 블루오션 창출의 방법과 이유를 분석할 때에는 별 도움이 되지 않는다. 지속적으로 잘나가는 기업이란 없다. 같은 회사가 한번은 잘나가다가 한번은 잘못된 방향으로 나아갈 수도 있다. 모든 기업이 흥망성쇠를 가진다.

마찬가지로 영원히 잘나가는 산업도 없다. 어떤 산업에 대한 상대적인 매력은 그 산업 안에서 창출되는 블루오션에 의해 크게 좌우된다.

블루오션 창출을 설명하기 위한 분석에 사용할 가장 적절한 단위는 전략적 행보이다. 즉 주요한 시장 창출 사업과 관련되는 경영 행동과 의사결정의 집합을 의미한다. 예를 들어 컴팩은 2001년 휴렛팩커드에게 인수되었기 때문에 실패한 기업, 더 이상 존재하지 않는 기업이라고 생각하는 사람이 많다. 그러나 컴팩이 궁극적으로 이러한 운명을 마주했다고 하여도 PC 서버에서 수십억 달러 시장을 창출하게 한 현명한 전략적 행보가 무효가 되는 것은 아니다. 이러한 행보로 컴팩은 1990년대에 화려한 컴백을 할 수 있었다.

블루오션 창출은 브랜드를 만든다

강력한 블루오션 전략에 기반을 두는 전략적 행보는 수십 년간 지속되는 브랜드 자산을 만들 수 있다. 자료에 등장한 거의 모든 기업들은 블루오션을 만든지 오래되었음에도 아직도 그 혜택을 보고 있다. 현재 포드의 직원들은 1908년 헨리 포드의 조립라인에서 최초의 모델 T가 만들어졌을 때 태어나지도 않았던 사람들이 대부분이지만 아직도 포드는 그당시의 블루오션 행보로 기업 브랜드에 있어혜택을 보고 있다. IBM도 마찬가지로 컴퓨팅에서 만든 블루오션 덕분에 '미국의 연구소'라는 브랜드 이미지를 가지고 있다. 포드에모델 T가 있었다면 IBM에게는 360 시리즈가있었다.

우리의 연구결과는 신규 시장 공간 창출의 피해자로 주로 인식되는 대기업 임원들에게 고무적이다. 즉 대규모 R&D 예산이 신규 시장 공간 창출의 답이 아니라는 것이다. 핵심은 올바른 전략적 행보를 취하는 것이다. 뿐만 아니라, 무엇이 좋은 전략적 행보의 동력이 되는지 이해하는 기업들은 시간이 갈수록 더 많은 블루오션을 창출할 수 있는 입지에 서게 될 것이며 지속적으로 고성장을 이루며 이익을 창출할 수 있게 될 것이다. 블루오션 창출이란, 다른 말로 하면 전략의 결과물이며 경영 행동에 따른 결과물일 경우가 가장 많다.

본질적인 특징

우리의 연구에 따르면 블루오션 창출을 위한 전략적 행보에는 몇 가지의 공통적인 특징이 있다. 블루오션 창출 기업들은 전통적인 규칙을 따르는 기업들과는 완전히 반대되며 절대 경쟁을 기준의 척도로 삼지 않는다. 이들은 구매자와 기업 모두에게 새로운 가치를 창출하여 경쟁을 무의미하게 만들어버린다. ('레드오션 vs. 블루오션 전략' 자료는 이 두 가지 전략 모델의 주요 특징을 비교한다.)

블루오션 전략의 가장 중요한 특징은 전통적인 전략의 근본적인 원칙을 거부한다는 점일 수도 있다. 전통적인 전략에서는 가치와 비용은 항상 어느 한 가지를 양보해야 하는 개념이라고 주장한다. 이러한 논지에 따르면 기업은 높은 비용으로 고객에게 더 많은 가치를 제공하거나 낮은 비용으로 적당한 가치를 제공하는 것 중 한 가지만을 선택할 수 있다. 다른 말로 하자면, 이 전략은 차별화와 저비용 중 한 가지를 선택하는 것이다. 그러나 블루오션 창출에서는 성공하는 기업이 차별화와 저비용을 동시에 추구한다는 것이 근거로 나타나고 있다.

이것이 어떻게 가능한지 보기 위해 다시 서큐 드 솔레이 이야기로 돌아가 보자. 서큐가 데뷔할 무렵, 서커스 공연들은 서로를 벤치마킹하고 전통적인 서커스 공연을 조금씩 변경해서 수요가 줄어들고 있는 시장에서 점유율을 최대화하는 것에 주력하고 있었다. 예를 들어 더 유명한 광대와 사자 조련사를 데려오곤 했는데 이는 결국 서커스 공연의 비용을 높였고 공연체험 자체를 실질적으로 바꾸어주지는 못했다. 그 결과, 비용만 높아지고 수익은 올라가지 않았으며 전반적인 서커스 공연에 대한 수요가 곤두박질 쳤다. 이 때 서큐가 등장한다. 주어진 문제에 대한 더 나은 해결책을 제공하여 경쟁에서 앞서나가겠다는 전통적인 논리(즉 더 흥미롭고 스릴 넘치는 서커스 공연) 대신에 서큐는 서커스의 재미와 스릴뿐 아니라 극장의 지적인 정교함과 예술적 풍미를 제공하며 문제 자체를 재정의했다.

이 두 가지를 모두 충족시키는 공연을 설계하며 서큐는 전통적인 서커스 공연의 요소를 재평가해야 했다. 그 결과, 서커스 공연의 재미와 스릴을 위해 핵심적이라고 생각했던 요소 중 많은 부분이 불필요하며 비용이 많이 드는 경우도 많았음을 알게 되었다. 예를 들어 대부분 서커스에서 동물 공연을 한다. 이는 상당한 경제적 부담이 되는데 동물 자체뿐만 아니라 훈련, 건강관리, 집, 보험, 운송까지 많은 돈이 들기 때문이다. 또한 서큐는 서커스단의 동물 관리와 동물들을 쇼로 보여주는 것에 대한 윤리문제가 대중들 사이에 부상하면서 동물 쇼에 대한 사람들의 수요가 급감하고 있다는 점을 발견했다.

레드오션 vs. 블루오션 전략

레드오션과 블루오션 전략의 핵심은 극명히 다르다.

레드오션 전략	블루오션 전략
기존 시장 공간에서 경쟁하라	경쟁 없는 시장 공간을 창출하라
경쟁에서 이겨라	경쟁을 무의미하게 만들라
기존 수요를 활용하라	신규 수요를 창출하고 포착하라
가치와 비용 사이에서 양보하라	가치와 비용 사이에서의 양보를 없애라
기업 활동의 전반적인 시스템을 차별화 또는 저비용이라는 전략적 선택을 중심으로 조정하라	기업 활동의 전반적인 시스템을 차별화와 저비용 모두를 추구하는 것을 중심으로 조정하라

마찬가지로, 전통적인 서커스단에서는 자신의 공연자들을 스타로 홍보하였지만 서큐는 더 이상 대중들이 서커스 예술가를 스타로 보지 않음을 깨달았다. 적어도 영화배우 스타처럼은 생각하지 않는 것이었다. 서큐는 쓰리링 서커스 공연도 없애버렸다. 쓰리링 공연은 관중들이 한 고리에서 다른 고리를 따라가며

처다보아야 하기 때문에 혼란을 만들 뿐만 아니라 많은 공연자가 필요한 쇼라서 비용도 높았다. 구내매점도 수익창출을 위한 좋은 방법인 것 같아 보였지만 높은 가격 때문에 부모들이 구입하기를 꺼려했고 바가지를 쓴다는 느낌을 가지게 되었다. 서큐는 전통적인 서커스의 지속적인 매력으로 통하는 세 가지를 정리했다. 바로 광대, 천막, 그리고 고전적 곡예 공연이다. 그리하여 서큐는 광대를 유지하였지만 유머와 익살스러움을 매력적이고 세련된 스타일로 전환시켰다. 많은 서커스단에서 공연장을 임대하며 더 이상 천막공연을 하지 않았지만 서큐는 천막을 잘 활용했다. 천막이야말로 다른 그 무엇보다 서커스의 신비함을 잘 나타내준다는 점을 깨달은 서큐는 고전적인 서커스의 상징인 천막을 화려하게 꾸미고 관중들이 편안하게 즐길 수 있는 환경을 조성했다. 톱밥과 딱딱한 의자는 사라졌다. 곡예사와 다른 스릴 있는 공연을 하는 예술가는 유지하였지만 그들의 역할을 줄이고 예술성을 부여하여 더욱더 품격 있는 공연을 만들었다.

서큐는 서커스의 전통적인 요소 일부를 제거하였지만 극장의 새로운 요소를 부여했다. 예를 들어 서로 관련이 없는 공연이 이어지는 전통적인 서커스와는 달리, 서큐의 공연들은 마치 연극처럼 주제와 스토리 라인이 있다. 의도적으로 모호한 주제를 설정하지만 이로 인해 공연에 조화가 생기고 지적인 요소가 부여된다. 서큐는 브로드웨이에서도 아이디어를 차용했다. 예를 들어 '한번으로 끝나는' 전통적인 서커스 쇼 대신에 서큐는 다른 주제와 스토리 라인을 덧입혀가는 공연을 만들었다. 브로드웨이의 공연처럼, 서큐의 공연도 각각 주제곡이 있어서 공연, 조명 및 곡예의 타이밍에 음악이 따라가는 것이 아니라 각 주제곡이 전반적인 공연을 이끌어가는 구도를 만들었다. 서큐의 공연은 추상적이고 정신적인 무용이 특징이 되며 이는 연극과 발레에서 차용한 아이디어이다. 이러한 요소들을 도입한 서큐는 매우 세련된 엔터테인먼트 쇼를 제공하게 되었다. 그리고 다양한 공연을 무대에 올리기 때문에 사람들이 더 자주 공연을 보러 올 동기가 생겼고 그에 따라 수익도 늘어났다.

서큐는 서커스와 연극의 강점을 보여준다. 또한 서커스에서 가장 많은 비용이 드는 요소들을 제거하여 비용을 크게 절감할 수 있었고 차별화와 저비용이라는 두 마리 토끼를 다 잡게 되었다. (블루오션 전략을 뒷받침하는 경제학적 설명은 '차별화와 저비용을 동시에 추구'에서 확인할 수 있다.)

비용을 낮추는 동시에 구매자들을 위한 가치를 높이면서 기업은 자신 뿐 아니라 고객들에게 더 높은 가치를 부여해줄 수 있다. 구매자 가치는 기업이 제공하는 유용성과 가격에 기인하며 기업은 비용구조와 가격을 통하여 자신을 위한 가치를 창출하기 때문에 블루오션 전략은 기업의 유용성, 가격 및 비용의 전체적인 체계가 적절하게 조정되었을 때에만 달성할 수 있다. 블루오션 창출을 지속 가능한 전략으로 만들어주는 전 시스템 적인 접근방식이다. 블루오션 전략은 기업의 기능 및 운영활동을 통합시킨다.

저비용과 차별화 사이에서의 양보를 거부한다는 것은 전략적인 마음가짐에 근본적인 변화가 생긴다는 것을 의미한다. 변화가 얼마나 근본적으로 중요한 것인지는 아무리 강조해도 지나치지 않다. 산업의 구조적인 환경은 주어진 것이며 기업은 그 안에서 경쟁을 할 수밖에 없다는 레드오션 전략의 가정을 두고 학계에서는 구조주의 관점, 혹은 환경 결정론이라 칭한다. 이 관점에 따르면, 기업과 관리자는 그들 자신보다 경제적인 힘에 훨씬 크게 좌지우지 되는 것이다. 반면 블루오션 전략은 산업의 행위자들의 행동과 신념으로 시장의 경계와 산업을 재구성할 수 있다는 관점에 기반을 두고 있다. 우리는 이를 '재건주의' 관점이라 칭한다.

서큐 드 솔레이의 창시자는 서커스 산업의

경계 안에서만 행동해야 한다는 제한을 두지 않았다. 실제로 서큐가 그렇게 많은 부분을 제거하고, 줄이고, 늘리고, 새로 만들었는데 이를 서커스라고 할 수 있을까? 서큐가 극 작품이라면 장르는 무엇일까? 브로드웨이 쇼, 오페라, 아니면 발레일까? 이 모든 다양 한 장르에서 가져온 요소를 가지고 재건한 공 연을 만들었기 때문에 서큐는 마법과도 같은 공연을 올릴 수 있었던 것이다. 결국, 서큐는 이 장르들 중 그 무엇도 아니며 각각의 요소 를 조금씩 가지고 있는 새로운 장르라고 할 수 있다. 연극과 서커스라는 레드오션 안에서 서큐는 전례 없는 무경쟁의 시장 공간인 블루 오션을 창출해낸 것이다.

모방의 장벽

블루오션을 창출하는 기업은 보통 10년에서 15년 동안 큰 문제없이 혜택을 누리게 된다. 서큐 드 솔레이, 홈디포(Home Depot, 미국의 건축자재 및 인테리어 디자인 도구 판매 업체), 페더럴 익스프레스, 사우스 웨스트 항공, CNN을 비롯한 여러 기업들도 마찬가지였다. 블루오션 전략은 모방에 대한 상당한 경제적, 인지적 장벽을 만들기 때문이다.

일단, 블루오션 창출 기업의 비즈니스 모델을 채택하는 것은 그렇게 쉬운 일이 아니다. 블루오션 창출 기업은 많은 고객을 순식간에 끌어들이기 때문에 규모의 경제를 급속도로 만들어낼 수 있으며 이 비즈니스 모델을 모방하려는 기업들은 지속적으로 비용 면에서 불이익을 보게 된다. 예를 들어 월마트가 누리고 있는 엄청난 규모의 경제는 다른 기업들이 이 비즈니스 모델을 모방하는 것을 매우 어렵게 만들었다. 많은 고객을 한 번에 유치하게 되면 네트워크 외부성이 생길 수 있다. 이베이의 온라인 고객이 많아질수록 물건 판매자와 구매자 모두에게 이베이 사이트는 더 매력적인 공간이 되기 때문에 유저들이 다른 공간을 찾을 이유가 적어지게 된다.

모방하기 위해 기업 활동의 전반적인 체계를 바꾸어야 한다면 블루오션 전략의 새로운 비즈니스 모델로 변화하려는 기업의 능력은 조직 내의 정치문제로 방해 받을 수 있다. 예를 들어 사우스 웨스트 항공의 운항의 유연성을 유지하며 빠른 항공 여행을 제공하는 모델을 모방하려고 하는 항공사들은 문화뿐만 아니라 항공로 설정, 훈련, 마케팅, 가격설정까지 큰 변화를 만들어야 했다. 기존의 자리 잡은 항공사들은 하룻밤에 이렇게 광범위한 조직적 경영변화를 만들 수 있는 유연성이 거의 없다. 전체적인 시스템 접근방식을 모방하는 것은 쉬운 일이 아니다.

차별화와 저비용을 동시에 추구

블루오션은 기업의 행동이 비용구조와 구매자에 대한 가치제안에 모두 긍정적인 영향을 주는 영역에서 창출된다. 산업의 경쟁요소를 제거하고 줄이면 비용절감을 이룰 수 있다. 구매자 가치는 산업이 제공한 적 없었던 요소를 만들고 끌어올리면 더욱더 높아지게

된다. 시간이 지나며 규모의 경제가 형성되면
비용은 더욱더 줄어드는데 이는 높은 가치가
가져오는 매출 증가 덕분이다.

인지적 장벽도 마찬가지로 경쟁사들에게
큰 장벽이 될 수 있다. 기업이 높은 가치를 제
공하면 급속도로 브랜드 인지도를 얻게 되며
시장 내 많은 충성고객이 생긴다. 경험에 따

르면 가장 돈을 많이 들인 마케팅 캠페인도 블루오션 창출 기업을 몰아내기에는 역부족이다. 예를 들어 마이크로소프트는 인튜이트가 재무 소프트웨어 제품인 퀵큰으로 창출한 블루오션의 중심을 점유하기 위해 십년 이상 노력을 했다. 모든 노력과 투자에도 불구하고 마이크로소프트는 인튜이트를 업계 리더 자리에서 몰아낼 수 없었다.

다른 상황을 보면, 블루오션 창출 기업을 모방할 때 모방하려는 모델이 기업이 기존에 가지고 있는 브랜드 이미지와 상충되는 경우가 있다. 예를 들어, 더바디샵은 일류 모델을 사용하지 않으며 영원한 젊음과 아름다움을 선사하겠다는 약속을 하지 않는다. 에스티 로더와 로레알과 같은 기존의 자리 잡은 화장품 브랜드들은 영원한 젊음과 아름다움을 약속

하는 현재 브랜드 이미지를 완전히 무효화해
야 했기 때문에 모방이 무척 어려웠다.

일관적인 패턴

블루오션 전략의 패턴을 개념적으로 설명
하는 것은 새로울 수 있지만 기업들이 인식하
고 있었든 그렇지 못했든 이 전략은 언제나
존재해왔다. 서큐 드 솔레이의 경험과 포드의
모델 T 사례 간의 놀라운 공통점을 생각해보
면 알 수 있다.

19세기 말, 자동차산업은 규모도 작고 매
력적이지도 못했다. 미국의 500개 이상의 자
동차제조업체들은 수제 명품자동차를 내놓으
며 경쟁했고 1,500달러에 달하는 이러한 차

들은 부자들을 제외하면 아무런 인기를 얻지 못했다. 차반대주의자들은 도로를 망가뜨리고 가시철사로 주차된 차를 감아놓으며 운전을 하는 사업가들과 정치인들에 대한 보이콧을 벌였다. 당시의 정서를 파악한 우드로 윌슨은 1906년 "자동차보다 사회주의적 정서를 크게 퍼트린 것은 없었다. 차는 부유층의 오만함을 드러낸다."는 말을 했다.

경쟁에서 이겨 기존 수요에서 다른 자동차 제조업체들의 점유율을 뺏어오려고 하는 대신, 포드는 블루오션 창출을 위해 자동차와 마차의 산업 경계를 재구성했다. 당시, 미국 전역에서는 마차가 주요한 지역 운송수단이었다. 마차는 차와 비교하여 두 가지 이점이 있었다. 미국 전역의 비포장도로에서 특히 비와 눈이 내릴 때 차들은 지나가기가 힘든 울

툴불퉁한 곳과 진흙을 말들은 쉽게 넘어갈 수 있었다. 그리고 마차는 그 당시 자주 고장이 났던 명품 자동차보다 유지보수가 훨씬 용이했다. 차가 고장이 나면 몇 되지 않는 전문 수리공에게 고액의 보수를 지급하며 고쳐야 했다. 헨리 포드는 마차의 이러한 이점들을 파악하여 어떻게 하면 경쟁에서 벗어나서 포착하지 못하고 있는 거대한 수요를 활용할지 생각하게 되었다.

포드는 모델 T를 "최고의 자재로 만든 모두를 위한 차"라고 칭했다. 서큐처럼 포드는 경쟁을 무의미하게 만들어버렸다. 몇몇 부자들만 누릴 수 있는 주말 시골지역 여행을 위한 최신 유행의 맞춤형 차 대신, 포드는 마차처럼 매일 사용할 수 있는 자동차를 만들었다. 모델 T는 한 가지 색, 검정으로만 출시되었으며 추가 옵션도 몇 되지 않았다. 눈과 비가 오는 날, 맑은 날에 상관없이 비포장도로를 쉽게 주행하도록 설계된 안심할 수 있고 오래가는 자동차였다. 사용과 수리가 쉬운 차였다. 하루면 운전하는 법을 배울 수 있었다. 그리고 서큐처럼 포드는 가격에 있어서도 산업의 경계 이면을 보았다. 다른 자동차와 비교한 것이 아니라 마차(400달러)의 가격을 기준으로 삼았다.

1908년 최초의 모델 T는 850달러였으며 1909년에는 가격이 609달러로 하락했고 1924년에는 290달러까지 내려갔다. 이러한 방법으로 포드는 마차 구매자를 자동차 구매자로 바꾸었다. 서큐가 극장 관객을 서커스 관객으로 바꾼 것과도 같다. 모델 T의 매출은 폭발적으로 증가했다. 포드의 시장 점유율은

1908년 9%에서 1921년에는 61%로 올랐고 1923년이 되었을 때에는 미국가정의 대부분이 차를 소유했다.

포드는 수많은 구매자들에게 높은 가치를 제공하면서도 자동차 업계에서 가장 낮은 수익구조를 만들었다. 서큐의 방법과 같은 것이다. 제한된 옵션과 교체 가능한 부품으로 고도로 표준화된 자동차를 만든 포드는 하나의 작업장에서 처음부터 끝까지 숙련된 장인이 한 부분, 부분을 만들어내던 기존의 차량제조 시스템을 완전히 없애버릴 수 있었다. 포드의 혁명과도 같은 조립라인은 자동차 제조 장인들을 몰아내고 한 가지 작은 작업을 신속하고 효율적으로 해내는 비숙련 노동자를 사용하게 만들었다. 이를 통해 포드는 기존 업계 규범이었던 21일 대신에 4일 만에 차를 만들 수 있게 되었다. 이는 엄청난 비용 절감을 가져왔다.

블루오션과 레드오션은 항상 공존해왔으며 앞으로도 그러할 것이다. 그렇기 때문에 실질적인 현실을 봤을 때 기업은 이 두 가지 영역의 전략적 논리를 모두 이해해야 한다. 블루오션 창출에 대한 필요성이 늘어나고 있음에도 현재 이론과 실천의 전략을 지배하고 있는 것은 레드오션에서의 경쟁이다. 이제는 전략에 있어서 블루오션과 레드오션의 균형을 잘 이루어야 할 때이다. 블루오션 전략가는 항상 있어왔지만 이들의 전략 대부분은 거의 주목받지 못했다. 그러나 레드오션 전략의 기저에 있는 논리와 블루오션 창출을 위한 전략이 다르다는 것을 기업들이 깨닫는다면 앞으로 더 많은 블루오션을 창출할 수 있게 될 것이다.

2부 　블루오션 전략

미국의 기업실적이 수십 년에 걸쳐 하락하고 있다. 세계적 경영 컨설팅 기업 딜로이트의 대표적 연구인 '변화 지표'에 따르면 미국 공개기업의 총자산이익률이 1965년의 사분의 일 수준인 1% 미만으로 하락했다고 한다. 시장 지배력이 기업에서 소비자로 넘어가고 전 세계적 경쟁이 심화되면서 거의 모든 산업의 관리자들은 실적이 하락하는 어려움을 마주하게 되었다. 상황을 전환하기 위해서 기업은 경쟁우위 개발과 실행에서 더 많은 창의성을 발휘해야 한다. 그러나 장기적인 성공은 경쟁력 하나만으로 이룰 수 있는 것이 아니다. 새로운 수요와 신규 시장을 창출하고 포착할 수 있는 능력이 앞으로 더 중요해질 것이다.

시장 창출에 따르는 결과는 엄청나다. 애플과 마이크로소프트의 사례를 비교해 보아도 알 수 있다. 지난 15년간 애플은 아이팟, 아이튠즈, 아이폰, 앱스토어, 아이패드를 출시하며 성공적인 시장 창출 행보를 선보였다. 2001년 아이팟 출시부터 회계연도 2014년 말까지 애플의 시가총액은 75배 이상 급등했으며 매출과 이익도 폭발적으로 증가하였다.

동기간에 마이크로소프트의 시가총액은 고작 3% 올랐으며 애플보다 거의 5배는 많던 수익도 애플의 절반 수준으로 하락하였다. 출시된 지 오래된 윈도우즈와 오피스 두 가지 아이템에서 거의 80%의 이익을 창출하고 주목할 만한 다른 시장 창출 행보를 보이지 못한 마이크로소프트는 엄청난 대가를 치러야 했다.

물론 기업들이 신규 시장 공간의 가치를 인식하지 못하는 것은 아니다. 오히려 리더들은 시장 공간 창출을 위해 더 많은 노력을 들이며 엄청난 액수의 자금을 투자한다. 이러한 노력에도 불구하고 성공하는 기업은 많지 않아 보인다. 이들의 성공을 방해하는 것이 정확히 무엇일까?

블루오션 전략의 초판 발행 후 우리는 10년 동안 시장 창출 전략을 수행하는 많은 관리자들과 대화를 나누었다. 그들의 성공과 실패 스토리를 들으며 우리는 그들의 노력을 지속적으로 저해하는 한 가지 공통점을 찾아내었다. 세상이 돌아가는 방식에 대한 뿌리 깊은 가정과 이론에 기반을 둔 그들의 정신적 모델이 문제였다. 정신적 모델은 인지적 인식 기저에 있지만 그 영향력이 너무나도 강력하여 개인의 선택과 행동을 결정하는 요인이 된다. 그래서 신경과학자들은 정신적 모델을 개인이 변화와 상황에 대응하는 방식을 결정짓는 자동화된 알고리즘이라고 간주한다.

정신적 모델의 이점도 있다. 위험한 상황에서 탄탄한 정신적 모델이 있으면 생존에 필수적인 결정을 신속하게 내릴 수 있다. 관리자들이 적용하는 정신적 모델의 견실성에는 문제가 없었다. 모두 학교에서 습득한 지식과 수년간의 사업경험을 기반으로 하고 있었다. 이러한 정신적 모델은 경쟁에서의 도전과제에 관리자들이 더 잘 대응할 수 있도록 도와준다. 그러나 기존 시장 공간의 문제들을 해결할 때 관리자들이 의존하는 정신적 모델이 신규시장 창출 능력을 저해하기도 한다는 것을 그들과의 대화에서 알아낼 수 있었다.

우리는 연구와 논의를 통하여 관리자들의 정신적 모델에 깊이 박혀있는 핵심적인 가정 6가지를 발견하였다. 이 6가지는 많은 잠재력이 있는 무경쟁 시장 공간인 블루오션으로의 진입을 불가능하게 만들고, 시장점유율을 위해 피 터지는 경쟁을 하는 복잡한 시장 공간인 레드오션에 정박해 있느라 잘 알려져 있지 않기에 이를 레드오션의 함정이라고 부르게 되었다. 처음 두 가지 함정은 마케팅 관련 가정이다. 특히 고객지향과 틈새시장에 대한 강조를 의미한다. 다음 두 가지는 기술 혁신과 창조적 파괴라는 경제적 교훈에 관한 것이다. 마지막 두 가지는 차별화와 저비용을 상호배타적인 선택지로 간주하는 경쟁 전략의 원칙에 관한 것이다. 이 글에서는 각 함정을 자세히 살펴보고 이 함정들이 시장 창출을 위한 기업의 노력을 어떻게 저해하는지를 알아볼 것이다.

첫 번째 함정: 시장 창출 전략을 고객지향 접근으로 인식한다

신규 수요 창출은 시장 창출 전략의 핵심이다. 이는 비고객을 고객으로 전환하는 것에 달려있다. 세일즈포스닷컴은 온디맨드 CRM 소프트웨어로 예전에는 CRM 엔터프라이즈

소프트웨어를 거부하였던 중소기업을 고객으로 만들며 신규 시장 공간을 만들었다.

관리자들, 특히 마케팅 담당자들이 고객이 왕이라고 믿게 된 상황이 문제이다. 그렇기 때문에 시장 창출 전략은 고객이 주도한다는 인식의 첫 번째 시장 창출 함정에 빠지기가 너무나도 쉬운 것이다. 관리자들은 반사적으로 기존 고객에 집중하고 이들을 어떻게 더 만족시킬지를 고민한다.

그러나 이러한 접근방식으로는 신규시장 창출이 거의 불가능하다. 신규시장 창출을 위해서 기업은 비고객으로 관심을 돌리고 왜 이들이 해당 산업의 제품과 서비스를 사용하기를 거부하는지 알아내야 한다. 고객이 아닌, 비고객이야말로 산업의 경계를 제한하는 문제에 대한 가장 많은 통찰력을 제공해줄 수 있다. 반면 기존 고객에 주력하면 경쟁사들이 현재 제공하는 것보다 나은 솔루션을 만드는 것에 집중하게 되어 레드오션에 묶이게 된다.

소니가 2006년 출시한 휴대용 리더 시스템(PRS)을 살펴보자. 소니는 전자책 단말기를 출시하여 더 많은 고객을 유치해서 신규 시장 공간을 만드는 것을 목표로 하였다. 목표 달성을 위하여 현재 제품의 크기와 낮은 디스플레이 품질에 불만족하는 기존 전자책 단말기 고객을 살펴보았다. 소니는 읽기 쉬운 스크린을 장착한 얇고 경량의 디바이스를 출시하였다. 언론의 극찬과 늘어난 고객 만족도에도 불구하고 PRS는 아마존의 킨들에게 패배하였다. 주로 전자책 단말기가 읽을 만한 책들이 부족하다는 이유로 구매하지 않던 수많은 비고객을 유치하지 못하였기 때문이다. 이들은 디바이스 크기와 디스플레이를 문제 삼은 것이 아니었다. 도서에 대한 풍부한 선택지와 쉽게 다운로드 받을 수 있는 방법이 없었기 때문에 비고객은 계속 인쇄 책을 구매했던 것이다.

2007년 킨들을 출시한 아마존은 이 사실을 인지하여 PRS로 볼 수 있던 전자책의 4배를 제공하고 와이파이로 쉽게 다운로드 받을 수 있게 하였다. 출시된 지 6시간 만에 킨들은 매진되었고 인쇄 책 고객들도 앞 다투어 전자책 단말기의 고객이 되었다. 소니는 그 이후로 전자책 단말기 시장에서 퇴장했지만 킨들은 2008년 총 도서 구매자의 2%만을 차지했던 전자책 시장을 2014년 28%으로 성장시켰다. 현재 킨들은 250만권 이상의 전자책을 제공한다.

두 번째 함정: 시장 창출 전략을 틈새시장 전략으로 생각 한다

마케팅은 더 나은 시장 세분화를 통하여 틈새시장을 찾고 포착하는 것에 주력해왔다. 틈새전략이 굉장히 효과적인 경우도 많지만 기존 공간에서 틈새를 찾는 것은 신규 시장 공간을 찾는 것과는 다르다. 델타항공이 2003년 출시한 송 항공을 생각해 보자. 델타항공은 특정 승객 층을 겨냥하여 저가항공에서의 신규 시장 공간을 창출하고자 했다. 대부분의 항공사들이 겨냥하는 회사원과 기타 승객과 다른 세련되고 전문적인 니즈와 선호사항이 있는 승객들에 집중하기로 하였다. 이러한 고객층을 겨냥하는 항공사는 없었다. 상류층의 직업 여성 승객들을 대상으로 포커스 그룹을 만들어 많은 논의를 한 뒤 델타항공은 유기농 식품, 맞춤형 칵테일, 다양한 엔터테인먼트, 밴드가 구비된 기내 무료 운동서비스, 케이트 스페이드 스타일로 옷을 입은 승무원들을 준비하여 그들의 취향을 맞추기 위한 계획을 내놓았다. 이 전략은 시장의 비어있는 공간을 채우기 위한 것이었다. 성공적인 전략이 될 수도 있었겠지만 해당 고객층은 경쟁력 있는 가격에도 불구하고 전략을 지속하기에는 너무 작은 규모라는 것이 드러났다. 송 항공은 출시된 지 36개월 만인 2006년 4월 마지막 운항을 했다.

성공적인 시장 창출 전략은 시장세분화에 초점을 맞추지 않는다. 더 광범위한 수요를 창출하는 것에 도움이 되도록 구매자 그룹 전반의 핵심 공통점을 찾아내서 시장을 '비분절

화'하는 경우가 많다. 영국의 푸드 체인 프레타망제는 점심도시락 구매자 그룹 세 가지를 살펴보았다. 레스토랑에 가는 직장인, 패스트푸드 고객, 갈색 종이봉투 점심도시락 구매자의 세 그룹이 있었다. 이 그룹들 간의 차이점도 많았지만 세 가지 핵심 공통점이 있었다. 세 그룹은 모두 신선하고 건강하며 신속하게 나오는 합리적인 가격의 점심을 원했다. 이러한 정보를 통하여 프레타망제는 상업적으로 매력적인 신규시장을 창출하기 위해 이 세 가지 그룹에서 활용되지 않고 있던 수요를 만들고 포착할 방법을 찾게 되었다.

프라타망제는 고급 재료를 사용하여 매일 만드는 신선한 레스토랑 급 품질의 샌드위치를 합리적인 가격으로 고급스러운 체험을 할 수 있도록 패스트푸드보다 빠른 속도로 만들어 배달한다는 콘셉트를 만들었다. 현재 프라타망제는 새로 창출한 시장 공간에서 탄탄하고 많은 이윤이 남는 성장을 거의 30년째 지속적으로 누리고 있다.

세 번째 함정: 시장 창출 전략과 기술 혁신을 혼동한다

R&D와 기술 혁신은 시장개발 및 산업성장의 핵심 동력으로 널리 인식되고 있다. 그렇기 때문에 관리자들이 이러한 기술 혁신이 신규시장 발견에서도 핵심동력이 된다고 가정할 수 있다는 점은 이해할 만하다. 그러나 실제로 시장 창출은 꼭 기술 혁신에 대한 것이 아니다. 옐로우 테일은 (모두를 위한 흥미롭고

단순한 와인이라는 콘셉트) 최첨단 기술 하나 없이 신규 시장을 창출하였다. 커피체인 스타벅스와 공연예술기업 서큐 드 솔레이도 마찬가지였다. 세일즈포스닷컴, 인튜이트의 퀵큰, 우버처럼 기술의 역할이 큰 경우에도 새로운 제품과 서비스가 성공을 한 이유가 기술 때문은 아니었다. 이러한 제품 및 서비스가 성공한 것은 사용이 쉽고 재미있으며 생산적이라 사람들이 모두 좋아했기 때문이다. 이러한 장점을 가능하게 하는 기술은 결국 구매자들에게서 잊힌다.

2001년 출시된 세그웨이의 1인용 이동수단을 생각해보자. 그것은 기술 혁신이었을까? 물론 그렇다. 세계 최초 자기평형 개인이동수단이며 작동도 잘 되었다. 앞으로 기대면 전진하고 뒤로 기대면 후진하는 방식이었다. 이러한 기술적 경이로움은 당시 기술 혁신으로 가장 많이 회자되었던 기술 중 하나였다. 그러나 대부분의 사람들은 사용도 어렵고 편리하지도 않은 제품에 오천달러까지 지불하기를 꺼려했다. 어디에 주차를 할 수 있으며, 자동차에 싣고 다닐 것인지, 보도 아니면 차도에서 사용해야 할지, 버스나 기차에 들고 탈수는 있는지와 같은 문제들이 있었다. 세그웨이는 출시 후 6개월 안에 손익 평형을 이룰 것이라 기대했지만 매출은 초기 예상치에 미치지 못하였고 세그웨이는 2009년에 매각되었다. 사람들은 이러한 소식에 크게 놀라지 않았다. 제품 출시 당시, 선견지명이 있던 〈타임지〉는 세그웨이의 발명가인 딘 카멘에 대한 기사에서 다음의 경고성 메시지를 남겼었다. "기술자가 받아들이기 가장 힘든 진실

중 하나는 비즈니스에서 성공과 실패는 기술의 품질로 결정되는 경우가 거의 없다는 것이다." 기술 혁신이 아닌 가치 혁신이 상업적으로 매력적인 신규시장을 만든다. 성공적인 신규 제품 혹은 서비스는 생산성, 간단함, 사용의 용이함, 편리함, 재미 또는 친환경성을 증가시켜 시장 공간을 창출한다.

그러나 시장 창출이 기술 혁신에 달려있다고 기업이 잘못 가정하는 경우, 이미 시장에 나와 있는 제품 혹은 서비스, 아니면 너무 복잡한 제품을 추진하거나 세그웨이처럼 필요한 생태계가 부족한 상황이 발생한다. 사실 기술 혁신으로 기업이 찬사를 받고 개발자들이 과학상을 받는다고 해도 신규시장 창출에는 실패하는 경우가 많다.

네 번째 함정: 시장 창출과 창조적 파괴를 동일시한다

조지프 슘페터의 창조적 파괴 이론은 혁신 경제학의 핵심이다. 어떠한 발명품이 기존 기술 또는 제품과 서비스를 대체하여 시장을 파괴할 때 창조적 파괴가 발생한다. 예를 들어, 디지털 사진은 사진필름 산업을 파괴하며 뉴 노멀이 되었다. 슘페터의 틀로 보면 예전 것은 영원히 파괴되고 새로운 것으로 대체된다. 시장 창출은 항상 파괴를 동반하는가? 답은 '그렇지 않다'이다. 새로운 수요가 기존 제품 또는 서비스를 대체하지 않고도 창출되는 비파괴적인 창출도 있다. 라이프스타일 약품에서 새로운 시장을 만든 비아그라를 살펴보자. 비아그라가 기존 기술, 제품 또는 서비스를 쓸모없게 만들었는가? 그렇지 않다. 많은 남성이 개인적인 관계에서 겪고 있던 주요한 문제에 대한 실질적인 해결책을 최초로 제공하여 새로운 수요를 창출하였다. 그라민 은행이 창출한 소액금융 산업도 또 다른 사례이다. 많은 시장 창출 행보가 비파괴적인 이유는 이전에는 존재하지 않던 솔루션을 제공하기 때문이다. SNS와 크라우드 펀딩도 마찬가지이다. 시장 창출에 어느 정도의 파괴가 동반된다고 하더라도 비파괴적 창출이 훨씬 더 많다. 이다. 예를 들어, 닌텐도 위(Wii) 게임플레이어는 기존 게임 시스템을 대체하기 보다는 보완하는 역할을 했다. 이전에는 비디오 게임을 하지 않던 어린 아이들과 나이 든 성인들을 매료시켰기 때문이다.

시장 창출을 창조적 파괴와 동일시하면 기

업의 기회가 제한될 뿐만 아니라 시장 창출 전략에 대한 저항이 생긴다. 산업 내 자리 잡고 있는 기업의 일원들은 자신의 지위와 일자리가 위협받을 수 있기 때문에 창조적 파괴 또는 와해의 개념을 보통은 좋아하지 않는다. 그 결과, 관리자들은 자원을 말려버리고 각 구상에 지나친 간접비용을 할당하거나 그 계획을 담당하는 이들과 협력하지 않아서 기업의 시장 창출 노력을 저해하는 경우가 많다. 시장창출가들은 적어도 자신의 프로젝트가 파괴적일 수 있는 만큼 비파괴적인 창출일 수도 있음을 명확히 하여 이러한 위험을 일찌감치 제거하는 것이 중요하다.

다섯 번째 함정: 시장 창출 전략을 차별화와 동일시한다

경쟁이 심한 산업에서는 경제학자들이 '생산성 경계'라고 부르는 것에 따라 기업들이 자신의 위치를 선택하는 경향이 있다. '생산성 경계'란 산업의 구조와 규범을 고려하였을 때 가능한 가치와 비용 간의 양보 범위를 의미한다. 차별화는 기업이 프리미엄 가치를 제공하여 경쟁사보다 돋보이게 되는 경계에서의 전략적인 입지를 의미한다. 보통 기업에 높은 비용이 들거나 고객에게 더 높은 가격을 부과하는 두 가지 상황 중 하나를 선택해야 한다. 우리는 많은 관리자들이 시장 창출도 같은 것이라 가정한다는 사실을 발견하였다.

현실에서 시장 창출은 가치와 비용 사이의

양보를 무색하게 만들어버린다. 시장 창출이
란 차별화와 저비용을 동시에 추구하는 것이
다. 옐로우 테일과 세일즈포스닷컴이 다른 행
위자들과 비교하여 차별점이 있었는가? 물론
이다. 옐로우 테일과 세일즈포스닷컴의 비용
도 낮았는가? 물론이다. 시장 창출 행보는
'두 마리 토끼를 잡는 전략'이지 '양자택일의
전략'이 아니다. 시장 창출이 차별화와 같은
의미라고 기업들이 잘못 가정할 때 이들은 더
돋보이기 위하여 무엇을 개선하거나 창출해
야 하는지에 집중하고, 동시에 비용을 낮추기
위하여 무엇을 제거하거나 줄일 수 있는지는
거의 신경 쓰지 않는 경우가 많기 때문에 시
장 창출과 차별화의 차이를 인식하는 것이 중
요하다. 이를 인식하지 못한다면 신규 시장
공간을 발견하기 보다는 기존 산업공간의 치

열한 경쟁사가 되어버릴 수 있다.

2001년 C1을 출시하며 도시 교통수단의 신규시장을 창출하려고 했던 BMW를 살펴보자. 유럽 도시들의 교통문제는 심각하고 사람들은 차로 출퇴근하며 많은 시간을 낭비하기 때문에 BMW는 출퇴근 시간의 교통체증을 극복할 수 있는 차량을 개발하고자 했다. C1은 시장의 프리미엄 고객을 겨냥하는 이륜 스쿠터였다. 다른 스쿠터와는 달리, 와이퍼가 달린 바람막이 창에 지붕이 달린 스쿠터였다. 또한 BMW는 안전에 특별한 투자를 했다. C1은 4포인트 안전벨트 시스템으로 운전자를 고정시켜 주었으며 알루미늄 롤 케이지, 어깨 높이의 롤 바 두 개, 앞바퀴 주변의 크럼플 존으로 운전자를 보호하였다.

이 모든 기능을 장착한 C1은 제조비용이

높았으며 가격도 7,000달러에서 10,000달러에 달했다. 일반 스쿠터 가격이 3,000달러에서 5,000달러 범위인 것과 비교하면 훨씬 더 비싼 가격이었다. C1은 스쿠터 산업 내 차별화에는 성공하였지만 BMW가 기대했던 것처럼 교통 분야에서 신규 시장 공간을 창출하지는 못하였다. 2003년 여름, BMW는 기대했던 매출을 만들지 못한 C1의 생산을 중단하겠다고 발표했다.

여섯 번째 함정: 시장 창출 전략을 저비용 전략과 동일시한다

비용만 낮추면 신규시장을 창출할 수 있다고 가정하는 관리자들이 빠지는 이 함정은 다섯 번째 함정의 반대 경우라고 할 수 있다. 시장 창출 전략이 저비용 전략과 동일하다고 생각하는 경우, 기업들은 현재의 제품과 서비스에서 무엇을 제거하고 줄일지에만 집중하고, 가치를 높이기 위해 무엇을 개선하고 만들어야 하는지는 거의 무시해버린다.

오우야는 이 함정에 빠진 비디오게임 콘솔 제조업체이다. 오우야가 2013년 7월 제품 판매를 시작했을 때, 소니, 마이크로소프트, 닌텐도와 같은 대기업들은 고품질의 게임 체험을 제공하는 TV 스크린과 컨트롤러에 연결하는 콘솔을 판매하고 있었다. 이 제품들의 가격대는 199달러에서 419달러였다. 낮은 가격의 콘솔이 없었기 때문에 많은 사람들은 손바닥 크기의 디바이스를 사용하거나 비싸지 않은 케이블을 통해 TV 스크린과 모바일 디바이스를 연결하는 방식을 사용하였다.

고급 콘솔과 모바일 소형 디바이스 사이에서 시장 공간을 창출하기 위하여 오우야는 TV 스크린에서 적당한 품질을 제공하며 대부분의 게임을 무료로 제공하는 저가 오픈소스 '마이크로콘솔'을 99달러에 출시하였다. 물론 사람들은 비싸지 않고 간단한 디바이스를 좋아했지만 오우야는 양질의 게임이 풍부하지도 않았으며 3D효과도 부족하고 기존 게이머들이 좋아했던 고급 그래픽과 빠른 처리속도를 갖추지도 못하였다. 비용과 가격을 낮추기 위하여 이러한 특징들을 희생해야 했던 것이다. 뿐만 아니라, 오우야 제품은 모바일 소형 디바이스의 특별한 장점인 이동 중 플레이 기능도 없었다. 이러한 기능들이 없었기 때문에 게이머들은 오우야 제품을 살 특별한 이유를

찾지 못했다. 오우야는 현재 콘솔 사업의 역
량보다는 직원의 능력을 더 강조하며 회사를
인수해줄 기업을 찾고 있지만 아직 찾지 못한
상황이다.

다시 한 번 강조하지만, 시장 창출 전략은
'두 마리 토끼를 잡는 접근방법'이다. 차별화
와 저비용을 동시에 추구한다. 이러한 틀에서
신규 시장 공간은 산업 내 가격경쟁으로 창출
되는 것이 아니라 비고객이 현재 사용하고 있
는 대체품 및 대안품과 가격경쟁을 하며 창출
하는 것이다. 따라서 신규시장은 꼭 산업의
저가부문에서 창출할 필요가 없다. 서큐 드
솔레이의 서커스 엔터테인먼트 산업, 스타벅
스의 커피산업, 다이슨의 청소기 산업 경험과
같이 고가부문에서 창출할 수도 있다.

기업들이 저가부문에서 신규 시장 공간을

창출할 때에도 구매자들의 관점에서 보면 그 제품들은 분명히 차별화가 되어있다. 사우스웨스트 항공과 스와치를 생각해보라. 사우스웨스트는 친근하고 빠른, 하늘에서의 육상교통수단과 같은 편안한 이미지로 주목받는다. 재미있고 세련된 스와치의 디자인은 독특한 패션의 이미지를 가지고 있다. 두 회사 모두 차별화되고 낮은 가격이라는 제품 이미지를 가지고 있다.

레드오션의 함정으로 소개된 접근방식 또는 전략은 틀리거나 나쁜 것이 아니다. 모두 중요한 목적을 위한 것들이다. 예를 들어, 고객 중심으로 제품과 서비스를 개선할 수 있으며 기술 혁신은 시장개발과 경제성장의 핵심적인 인풋이다. 마찬가지로 차별화 혹은 저비용 하나를 선택하는 것도 효과적인 경쟁전략이다. 그러나 성공적인 시장 창출 전략의 길은 아니다. 이러한 전략들이 대규모 투자를 동반하는 시장 창출 노력을 위한 동인이 될 때, 우리가 이 글에서 소개한 사례들처럼 투자를 회수하지 못하고 결국 실패하는 사업이 될 수 있다. 그렇기 때문에 시장 창출 전략을 시행하는 중심적인 역할을 하는 이들의 정신적 모델과 가정을 살피고 확인하는 것이 매우 중요한 것이다.

만약 이러한 모델과 가정이 신규시장 창출의 전략적 목적과 맞지 않는다면 이들에 대하여 도전을 제기하고, 질문을 던지며 재구성해야 할 것이다. 그러지 않는다면 레드오션의 함정에 빠지게 될 수 있다.

아이디어 요약

문제

장기적으로 성공하기 위하여 기업은 신규 시장 창출 방법을 찾아야만 한다. 기존시장 경쟁의 이윤은 점점 더 줄어들고 있다. 그러나 많은 투자와 노력에도 불구하고 기업들은 신규 시장 공간 창출에 엄청난 어려움을 겪고 있다.

원인

관리자들의 정신적 모델은 기존시장에서의 경험에 기반을 두고 있다. 이와 같은 가정과 신념이 과거에는 통했겠지만 신규 공간 창출을 위한 노력은 저해시킨다.

해결책

오래된 시장에 갇히는 것을 피하기 위하여 관리자들은 다음의 조치를 취해야 한다.

- 신규 고객 유치에 주력하기
- 세분화에 대한 우려 줄이기
- 시장 창출이 기술 혁신 또는 창조적 파괴와 동일하지 않음을 이해하기
- 프리미엄 아니면 저비용 중 하나를 선택하는 전략을 더 이상 추구하지 않기

3부   블루오션 리더십

직장에 관한 슬픈 사실이 하나 있다. 그것은 최선을 다해 임무를 수행하는 직원이 전체의 30%에 불과하다는 것이다. 2013년 갤럽이 발표한 '미국 직장 현황(State of the American Workplace)' 보고서에 따르면 직원의 50%는 그저 직장을 오가며 시간을 때우고, 20%는 직장에 대한 불만을 비생산적인 방식으로 표출하여 동료에게 부정적인 영향을 미치며, 결근을 일삼고 형편없는 서비스로 고객을 달아

나게 만든다. 해당 보고서에 따르면 이 20%
의 직원들이 매년 미국 경제에 끼치는 손실은
5천억 달러에 달한다.

이렇게 많은 직원들의 마음이 업무에서 떠
나 있는 이유는 무엇일까? 갤럽은 리더십의
부재를 주요 원인으로 꼽는다.

미국뿐만 아니라 어느 나라에서든지 대부
분의 경영진이 힘들어하는 가장 큰 문제는 부
하직원들의 잠재력과 그들이 실제로 발휘하
는 능력 및 열정 사이의 간극을 줄이는 것이
다. 어떤 CEO는 이렇게 말했다. "직위를 막
론하고 업무에 최선을 다하려는 의지가 있는
직원은 많다. 효과적인 리더십을 통하여 이들
을 잘 활용해 변화시킬 수 있다면 훌륭하게
임무를 수행해내는 직원의 수가 그만큼 많아
질 것이다."

물론 고의로 형편없는 리더가 되려는 관리자는 없다. 문제는 어떤 변화를 추구해야 직원의 능력을 최대로 끌어내 강력한 영향력을 발휘할 수 있는지 명확하게 파악하지 못한다는 것이다. 그러나 '블루오션 리더십'이라는 접근 방식을 사용하면 이를 명확히 파악할 수 있다.

'블루오션 리더십'이란 블루오션 전략에 대한 연구를 활용한 것으로 비고객을 고객으로 전환하여 새로운 시장 공간을 창출하는 모델에 기반을 두고 있다. 이러한 개념 및 분석적 틀을 조직에 적용하면 아직 활용하지 못하고 있는 블루오션 같은 능력과 에너지를 적은 비용으로 빠르게 개척할 수 있다.

'블루오션 리더십'의 핵심은 리더십이 본질적으로 조직 내 구성원들이 '선택'하거나

'선택하지 않는' 일종의 서비스라고 생각하는 것이다. 이와 같은 관점에서 보면 리더가 자신의 성과를 선보여야 할 상사도, 자신이 지도를 하고 도움을 주어 목표를 달성하도록 이끌어야 하는 부하직원들도 모두 리더의 고객이 된다. 직원들이 당신의 리더십을 가치 있게 여긴다면 당신이 제공하는 리더십 서비스를 선택할 것이다. 그 결과 더욱더 최선을 다하고 열정을 바치게 된다.

반면에 당신의 리더십이 마음에 들지 않는다면 당신의 고객이 되지 않기로 결정하고 그 서비스를 선택하지 않을 것이다. 이처럼 리더십에 대한 관점이 바뀌면서, 비고객을 고객으로 전환하여 신규 수요를 창출하기 위해 개발하던 개념 및 틀을 직원에게도 적용할 수 있다는 사실을 발견하게 되었다. 요컨대, 리더는 블루오션 리더십을 활용해 회사에 마음이 떠난 직원을 업무에 최선을 다하는 직원으로 변화시킬 수 있다.

지난 십 년 동안, 우리는 블루오션 네트워크 전문가인 가빈 프레이저와 함께 여러 조직을 대상으로 수백 명의 사람들과 인터뷰를 해 왔다. 우리는 이를 통해 어떤 부분에서 리더십이 부족한 것인지, 또 리더들의 가장 소중한 자원인 '시간'을 절약하면서 리더십에 변혁을 일으킬 수 있는 방법이 무엇인지 알아보고자 하였다. 본 글은 우리의 연구결과를 담고 있다.

기존 리더십과의 주요 차이점

블루오션 리더십은 특징은 리더십의 영향력에 빠른 속도로 엄청난 변화를 가져온다는 것이다. 또 기존의 리더십과 여러 가지 방면에서 중요한 차이점을 보인다. 그중에서도 세 가지 핵심 포인트가 있다.

'행동과 활동에 집중한다.'

수년 동안 어떤 가치관, 자질 및 행동양식에 기반을 둔 리더십이 좋은 리더십인지에 대한 많은 연구가 이루어졌으며 이를 통해 리더십 개발 프로그램과 경영진 교육에 대한 기초가 세워졌다. 여기서 암묵적으로 가정하고 있

는 명제는 가치관과 자질 및 행동양식이 변화
하면 궁극적으로 높은 성과를 이룰 수 있다는
것이다.

그러나 막상 이와 같은 프로그램을 수료한
이들 중 대부분이 눈에 띄는 변화를 확인하지
못했다. 한 관리자는 이렇게 말했다. "수년간
의 피나는 노력 없이 어떻게 한 사람의 성격
이나 행동을 변화시킬 수 있겠는가? 리더들
이 어떠한 특징과 스타일을 받아들이고 내재
화했는지 실제로 측정하고 평가할 수 있는
가? 이론상으로는 가능할지 몰라도 현실에서
는 거의 불가능하다."

반면, 블루오션 리더십은 '리더란 어떤 사
람이 되어야 하는가'가 아니라 팀의 사기를
높이고 업무 성과를 증진시키기 위해서 '리더
가 어떤 행동과 활동을 해야 하는가'에 집중

한다. 이처럼 중점을 어디에 두는지가 중요하다. 사람들의 가치관과 자질 및 행동양식보다 그들의 행동과 활동을 바꾸는 것이 훨씬 쉽다. 물론 리더의 행동을 바꾸는 것이 완전한 해결책은 아니며 올바른 가치관과 자질, 행동양식을 갖추는 것도 중요하다. 다만 올바른 피드백과 지도가 있다면 행동은 누구나 바꿀 수 있다.

실제 시장 상황과 긴밀하게 연결한다

기존 리더십 개발 프로그램은 거의 비슷비슷했다. 고객의 눈으로 바라본 기업의 모습이 반영되지 않았을 뿐더러 내부에서 달성하고자 하는 시장 결과와도 동떨어져 있는 경우가 많았다. 반면 블루오션 리더십접근방식에서는 실제 시장 상황을 마주하는 직원들에게 리더들이 어떤 면에서 그들을 어렵게 하는지, 고객과 기타 핵심 이해관계자에게 최고의 서비스를 제공하려면 리더가 어떻게 도와줘야 하는지를 질문한다. 이들이 더 많은 성과를 낼 수 있도록 도와주는 리더십 관행을 정의하고 '이와 같은 관행들을 실제로 적용하겠다'라고 해보자. 그러면 직원들은 리더에게 적용할 수 있는 최고의 프로필을 만들고, 이 새로운 해결책이 실제로 효과를 발휘할 수 있도록 지원할 동기를 얻게 된다. 직원들이 자발적으로 협조했을 때 리더도 새로운 프로필을 더 잘 받아들일 수 있으며 시행 비용도 최소화할 수 있다.

모든 직위의 관리자에게 리더십을 적용한다

대부분의 리더십 프로그램은 경영진에게만 집중하며 그들이 현재와 미래에 어떠한 영향을 가져올 수 있는지 그 잠재력에 주력한다. 그러나 성공하는 조직의 핵심요소는 모든 직위의 리더가 리더십을 갖추는 것이다. 시장과 더 가까운 곳에서 일하는 중간관리자 및 최전선의 관리자가 어떠한 동기를 가지고 있으며 어떠한 행동을 하는지에 조직의 실적이 달려 있기 때문이다.

한 고위 관리자는 이렇게 말했다. "사실 최고경영진은 현장에 있지 않기 때문에 중간관리자와 최전선에 있는 관리자들이 무엇을 하는지 완전히 파악할 수 없다. 따라서 기업의 실적을 최대화하려면 모든 직위의 관리자들이 효과적인 리더십을 발휘해야 한다."

블루오션 리더십은 관리자 직위를 최고 경영진, 중간관리자, 그리고 최전선의 관리자 세 가지로 구별하여 각자에 맞게 적용하도록 설계되었다. 이렇게 하면 각 직위에 따른 업무, 권력의 정도 및 환경에 맞춤화된 리더 프로필을 만들 수 있다. 리더십 역량을 최전선에 있는 관리자에게까지 확장하면 수많은 직원들의 잠재된 능력을 이끌어낼 수 있다. 또 리더십을 여러 직위에 적용시키면 조직 전반에 걸쳐 실적을 증진시키게 된다.

블루오션 리더십의 네 가지 단계

이제 블루오션 리더십 실천방법을 하나씩

짚어볼 것이다. 다음의 네 가지 단계를 따르면 된다.

1단계: 당신의 리더십 현주소를 파악하라

조직에서 흔히 하는 실수가 실제 리더가 무엇을 하는지에 대한 의견의 차이를 좁히기도 전에 리더십의 변화에 대하여 논의한다는 것이다. 리더십의 현주소와 부족한 부분에 대한 공동의 이해가 없다면 영향력 있는 변화를 만들 수 없다.

이러한 이해를 달성하는 것이 1단계의 목표다. 여기서 우리가 '있는 그대로의 리더십 캔버스'(as-is Leadership Canvases)라고 부르는 양식을 적용한 분석적 시각자료를 사용한다. 이 자료는 해당 리더십의 고객이 되는 상사와 직원들이 인지하기에 각 직위의 관리자가 어떻게 자신의 시간과 노력을 투자하고 있는지를 보여준다. 먼저 조직의 세 가지 관리자 직위에 맞춰서 각각 캔버스를 만들어야 한다.

보통 열두 명에서 열다섯 명의 고위 관리자가 한 팀으로 선정되어 해당 프로젝트를 수행한다. 선택된 사람들은 여러 가지 기능에 영향을 미치고 기업 내에서 좋은 리더로 신뢰받는 이들이어야 한다. 그 후 해당 팀은 더 작은 규모의 부속팀 세 개로 나뉜다. 각 팀 별로 하나의 직위에 초점을 맞추고 관련된 리더십의 고객인 상사와 부하직원 두 그룹을 각각 대표할 수 있는 충분한 수의 사람들을 인터뷰하는 임무를 맡는다.

이 프로젝트의 목표는 사람들이 현재의 리더십을 어떻게 경험하고 있는지를 알아보고 리더가 각 직위에서 무엇을 하고 있는지, 또 무엇을 해야 하는지에 대한 전사적 대화를 시작하는 것이다. 리더의 고객들에게 좋든 나쁘든 리더가 가장 시간을 많이 투자하는 행동과 활동이 무엇인지와, 동기부여와 실적에 핵심적인 요소이지만 리더가 간과하고 있는 것은 무엇인지에 대한 질문을 한다. 세부사항을 살피는 것이 중요하다. '있는 그대로 캔버스'는 반드시 각 직위 별 관리자가 맡고 있는 특정 시장의 현실 상황과 실적 목표를 반영하는 행동 및 활동에 근거를 두고 작성해야 한다. 그러려면 어느 정도 조사할 필요가 있다.

우리가 영국 리테일 그룹(BRG)이라고 칭하는 회사의 여러 인터뷰 대상자에 따르면, 중간 관리자가 정치게임을 하는 데 지나치게 긴 시간을 소비한다고 했다. 중간 관리자 직위에 주력한 부속팀은 더 확실히 하기 위해 조사를 추진하였으며, 이와 같은 판단의 근거가 되는 두 가지 주요 행동을 발견하였다. 하나는 리더가 여러 직원에게 책임을 분산시키는 경향이 있어서 책임 소재가 불확실해지고 내부 경쟁을 조장한다는 것이다. 그 결과로 서로를 비난하는 일이 많아지고 리더가 직원들의 경쟁을 부추긴다는 인식이 자리잡게 되었다. 부속팀이 발견한 다른 한 가지는 리더가 고위 관리자와의 회의에 많은 시간을 소비한다는 것이었다. 이로 말미암아 부하직원들은 리더가 그들의 곁에서 지원을 해주는 것보다 정치적인 '페이스 타임'을 더 늘리고 새로운 소식을 찾는 데 관심이 더 많다는 결론을 내렸다.

인터뷰를 4주에서 6주 정도 진행한 후 부속팀 멤버들은 함께 모여서 조사결과를 수집하고 각 직위별로 나타나는 행동의 빈도를 기반으로 가장 두드러진 리더십 행동 및 활동을 결정해서 '있는 그대로 리더십 프로필'을 생성한다. 부속팀이 정말 중요한 사항에 집중할 수 있도록 우리는 보통 직위 별로 10개에서 15개를 넘지 않는 리더십 행동 및 활동을 찾을 것을 요청한다. 이와 같은 행동 및 활동들이 '있는 그대로 캔버스'의 가로축에 입력되고 리더가 이러한 행동을 얼마나 하는지는 세로축에 입력된다. 행동 개수를 10개에서 15개로 제한하기 때문에 캔버스에 아무 의미 없는 내용만 잔뜩 들어 있는 상황을 방지할 수 있다.

결과는 매번 경이로웠다. 많은 경우, 세 가지 직위의 리더가 보이는 행동 및 활동의 20%에서 40%가 그들의 상사와 부하직원들에게는 가치 있는 행동이 아니었다. 또 인터

뷰 대상자가 해당 직위에서 중요하다고 언급
한 행동 및 활동의 20%에서 40%에 리더가
충분한 투자를 하지 않는 경우가 많았다.

BRG의 중간 관리자 대상 캔버스에 따르면
중간 관리자들은 관료주의적인 절차를 지키
는 데만 몰두하는 것으로 나타났다. 반면 고
위 관리자를 대상으로 하는 캔버스에서는 고
위 관리자들이 중간관리 행동 및 활동에 대부
분의 시간을 소비하는 것으로 나타났다. 또
최전선에 있는 리더는 고객 문의사항을 전달
하는 것을 미룸으로써 상사가 모든 일을 잘
관리하고 있다는 만족감과 기쁨을 느끼도록
하는 데 주력하는 것으로 나타났다. 캔버스
프로젝트 과정 중 하나로 팀 멤버들에게 각
캔버스에 대한 한 줄 평을 만들어보라고 했더
니 최전선 리더십 프로필에는 '상사 비위맞추

기', 중간관리자 프로필에는 '컨트롤하고 안전한 플레이하기', 고위 관리자 프로필에는 '하루하루에 집중하기'가 나왔다. (예시는 '실제 중간관리자가 하는 일' 파트에서 확인할 수 있다.)

실로 참담한 결과였다. 부속팀은 이 조사를 통해 고위 관리자들이 최고 경영진의 임무인 사고와 탐색, 잠재적 기회 모색, 조직에 기여할 준비를 하는 데 거의 시간을 쓰지 않는다는 점을 깨달았다. 이처럼 리더십 행동의 결점이 직접적이면서 반복적으로 나타났으므로 부속팀은 현재의 리더십 프로필을 고수할 수 없었다. 세 개의 캔버스는 세 가지 직위 모두 변화가 필요하다는 근거가 되어주었다. 분명 조직 전반에 걸쳐 모든 이들이 변화를 원하고 있었다.

2단계: 대안 리더십 프로필을 개발하라

이 시점에서 부속팀은 각 직위에 효과적인 리더십 프로필이 무엇인지 열성적으로 탐색하고자 했다. 그리하여 두 가지 질문 세트를 만들어 다시 인터뷰를 했다.

첫 번째 질문 세트의 목표는 캔버스의 어떤 행동 및 활동이 냉점(리더의 시간을 소모하지만 거의 가치를 창출하지 못하거나 무가치한 일) 혹은 온점(직원들에게 활기를 불어넣고 동기부여를 해주어 능력을 발휘하게 하지만 현재 리더가 시간을 충분히 투자하지 못하고 있거나 아예 하지 못하고 있는 일)에 가까운지를 알아내는 것이었다.

두 번째 세트의 목표는 인터뷰 대상자가 회사의 범위를 벗어나서 사고하도록 하는 것이었다. 특히 각 직위의 리더가 조직 밖에서 관찰한 효과적인 리더십 행동에 집중하여 조직에서 활용하면 강력한 영향력을 만들 수 있는 방법을 찾아내고자 했다. 이 단계에서 리더가 할 수 있지만 하고 있지 않은 일에 대한 참신한 아이디어가 나왔다. 이 작업은 절대 유명한 기업의 사례를 벤치마킹한 것이 아니다. 사실 좋은 아이디어는 직원들의 개인적인 경험에서 비롯될 가능성이 높다. 대부분의 사람들은 살면서 특별히 자신에게 긍정적인 영향을 주는 사람을 만나게 된다. 스포츠 코치나 학교 선생님, 스카우트 단장, 조부모, 예전 상사일 수도 있다. 롤 모델이 누구이든, 인터뷰 대상자가 생각하기에 현재 리더가 한다면 실제로 가치가 창출될 수 있는 행동 및 활동이 무엇인지 상세하게 설명하도록 해야 한다.

두 번째 인터뷰의 결과를 정리하기 위해 부속팀은 우리가 '블루오션 리더십 그리드'(동일한 이름의 표 확인)라고 부르는 분석 도구를 사용했다. 각 리더십 직위별 인터뷰 결과가 이 그리드로 통합된다. 보통은 인터뷰 대상자가 얼마나 부정적으로 판단하는지에 따라 '제거' 혹은 '감소' 사분면에 속하는 냉점 행동 및 활동부터 시작한다. 이 작업은 부속팀의 활동에 활력을 부여한다. 리더가 더이상 가치가 거의 없거나 무가치한 일을 하지 않으면 곧장 팀원들에게 혜택이 돌아가서 인지할 수 있기 때문이다. 또 리더도 이와 같은 행동을 줄임으로써 자신의 역량을 높이는 데 필요한 시간과 공간을 더 확보할 수 있다. 리더가 할 일이 산더미 같다는 점을 생각해보면 이렇게 해서 여유를 확보하는 것이 더욱 중요하다. 그러지 않으면 강력한 리더십을 위한 큰 변화를 일으킬 수 없게 될 것이기 때문이다. 냉점의 다음 단계는 온점인데, 여기서는 현재 행동 및 활동으로 나타나면 '증가' 사분면에 넣고 리더가 현재 아예 하고 있지 않은 행동이면 '생성' 사분면에 넣는다. 이렇게 입력한 후 부속팀은 각 리더십 직위 별로 '앞으로의' 캔버스 초안을 2~4개 만든다. 이와 같은 분석적 시각자료는 개인과 조직의 실적을 높일 수 있는 리더십 프로필을 설명하면서 '있는 그대로 리더십 프로필'과 나란히 비교할 수 있게 해준다. 부속팀은 새로운 리더십 공간을 철저히 탐색하기 위해 한 가지 종류의 가능성에만 몰두하지 않고 다양한 리더십 모델을 만들어낸다.

3단계: '앞으로의 리더십 프로필'을 선정하라

2~3주 동안 리더십 캔버스를 그리고 재작

업하는 과정을 거친 후, 부속팀은 우리가 '리더십 박람회'라고 부르는 곳에서 발표를 한다. 임원들과 최고 경영진, 중간 및 최전선 관리자들이 박람회에 참석한다.

행사의 첫 순서는 기존 고위 관리자 팀이 과정을 설명하고 '있는 그대로 캔버스' 세 개를 발표하는 것이다. 시각자료 세 개를 놓고 왜 변화가 필요한지 설명하며 모든 직위별 인터뷰 대상자의 답변을 반영했다는 점을 보여주어 '앞으로의 리더십 프로필'을 이해할 수 있도록 한다. 보통 '있는 그대로 캔버스'는 BRG에서처럼 냉혹한 현실을 보여주는 경우가 많아서 해당 리더십 프로필은 종합적인 차원에서만 발표 및 논의된다. 그래야 각각의 리더들이 모두 같은 배를 타고 있다고 느끼고 변화에 더 개방적인 태도를 보이게 된다.

이렇게 발판을 마련한 후 부속팀은 사람들이 잘 볼 수 있도록 캔버스를 벽에 걸어놓고 '앞으로의 프로필'을 발표한다. 보통은 최전선 리더를 담당했던 부속팀이 먼저 발표를 한다. 발표 후, 참석자들에게 각각 포스트잇 세 장이 주어지고 제일 마음에 드는 리더십 프로필에 하나를 붙이도록 한다. 만약 어떤 캔버스가 특별히 더 마음에 드는 경우에는 포스트잇을 최대 세 장까지 붙일 수 있다.

　모든 투표가 끝난 후, 해당 기업의 최고 경영진이 참석자들에게 왜 특정 캔버스에 투표했는지에 대한 이유를 물어본다. 동일한 과정이 나머지 리더십 직위 두 개에서도 반복된다. (각 직위별로 하나씩 순서대로 진행하는 편이 더 용이했으며, 투표자들도 이러한 방식으로 진행했을 때 논의 내용을 기억하기가 더 쉽다고 느꼈다.)

약 네 시간이 지나면 모든 참석자가 직위별 현재 리더십 프로필과 완성된 블루오션 리더십 그리드 및 리더십 성과에 큰 변화를 만들어 줄 '앞으로의 리더십 프로필' 선정에 대해 명확히 파악하게 된다. 최고 경영진은 이러한 정보와 투표, 참석자들의 의견을 파악하고 박람회장 밖에서 모여 직위별로 어느 '앞으로의 리더십 프로필'을 추진할지 결정한다. 그리고 돌아와서 박람회 참석자들에게 결정에 대해 설명한다.

BRG에서는 125명 이상이 프로필 투표를 했으며 세 가지 캔버스에 열광적인 반응을 보여서 최종적으로 선정되었다. 최전선 리더의 '앞으로의 프로필'에 대한 한 줄 평은 '쓸데없는 일 없애버리기'였다. (안타깝게도 나중에 이 한 줄 평은 '고객을 위한 서비스 모색하기'로 정제되었다.) 해당 프로필에 따르면 최전선 리더는 중간 관리자에게 대부분의 고객 문의사항을 전달하는 것을 미루지 않았으며 상사에게 잘 보이기 위해 애쓰는 데 시간을 덜 소비하였다. 대신 최전선에서 일하는 직원들이 현장에서 기업의 목표를 달성할 수 있도록 훈련시키고 고객의 문제를 해결하는 데 집중했다. 또 어려움을 겪는 고객을 신속하게 돕고 유의미한 판매활동을 하는 데 시간을 쏟았다. 이와 같은 리더십 행동 및 활동은 최전선의 직원들에게 동기를 부여하여 자연스럽게 고객을 만족시키고 기업의 매출에도 직접적인 영향을 주게 된다.

중간 관리자의 '앞으로의 프로필'에 대한 한 줄 평은 '해방하라, 지도하라, 권한을 부여하라'였다. 여기서는 리더가 시간과 관심을 쏟는 대상이 직원들을 통제하는 것에서 이들을 지원하는 것으로 바뀌었다. 이 과정에는 고객과의 통화내역 및 사무용품에 소비한 예산에 대한 주간 보고서 작성 등 다양한 감시 활동을 제거하고 줄이는 것이 포함되었다. 이와 같은 감시 활동은 직원들의 활력을 빼앗아가고 최전선에서 뛰어야 할 리더를 책상 앞에 붙잡아두었다. 해당 프로필에는 최전선 리더 및 부하직원들의 지식을 관리하고 통합하여 전파하는 것을 목표로 하는 새로운 행동도 포함되었다. 이는 앞으로 중간 관리자가 직접 만나서 지도하고 피드백을 주는 데 더 긴 시간을 사용해야 한다는 의미다.

최고 경영진의 '앞으로의 프로필' 한 줄 평은 '회사를 대표하고 미래를 위한 계획을 세우라'였다. 최전선과 중간 관리자의 행동 및 활동이 다시 설정되었기 때문에 고위 관리자는 큰 그림을 그려보는 데 상당한 시간을 투자할 수 있는 여유가 생긴다. 여기서 큰 그림이란 업계의 변화 및 그 변화가 전략과 조직에 미치는 영향을 의미한다. 이렇게 되면 고위 관리자는 더 이상 급한 불을 끄는 데 긴 시간을 소비할 필요가 없다.

리더십 박람회에 참석한 임원들은 '앞으로의 리더십 프로필'이 고객들뿐만 아니라 주주들의 이익 및 성장 목표에도 도움이 된다는 것을 확실히 알게 되었다. 최전선 리더들에게는 활력과 추진력이 생겼다. 또 고위 관리자는 온갖 중간 관리직 업무라는 휘몰아치는 파도에 휩쓸려 다니다가 드디어 물 밖으로 머리를 드러내어 자신이 헤엄쳐 나가게 될 아름다운 바다를 발견한 듯한 느낌을 받았다.

가장 까다로운 '앞으로의 리더십 프로필'은 중간 관리자의 프로필이었다. 통제를 풀고 부하직원들에게 권한을 부여하는 것은 중간 관리자들에게 어려운 일이 될 수 있다. 그러나 최전선 및 고위 관리자의 '앞으로의 리더십 프로필'이 중간 관리자가 변화할 수 있도록 길을 터주었다.

4단계: 새로운 리더십 관행을 제도화하라

박람회가 끝난 후, 기존의 부속팀 멤버들은 박람회에 참석하지 않은 인터뷰 대상들에게 결과를 말해준다.

그러면 기업에서는 선정된 '앞으로의 리더십 프로필'을 각 직위의 리더에게 배분한다. 부속팀 멤버들은 리더들과 회의를 하여 캔버스에 대한 설명을 해주고 무엇을 제거, 감소,

증가, 생성해야 하는지 알려준다. 이 단계에서는 조직 전반의 리더들에게 과정의 각 단계별 핵심 결과를 브리핑하여 이러한 결과들을 활용하면서 쌓아온 프로필을 더욱 탄탄하게 해준다. 블루오션 리더십에서 모든 리더는 다른 직위에 있는 리더의 고객이다. 따라서 모든 관리자가 자신이 직접 제공한 아이디어를 기반으로 자신의 상사들도 동일한 작업을 한다는 것을 알고 있기 때문에 변화를 위해 노력할 것이다.

그 다음, 리더들은 부하직원들에게 메시지를 전달하고 새로운 리더십 프로필을 통해 어떻게 더 효과적으로 업무를 수행할 수 있는지 설명하는 임무를 맡는다. 새로운 프로필을 계속 상기시키기 위하여 '앞으로의 캔버스'를 사무실에 잘 보이게 핀으로 고정해 놓는다.

리더는 정기적으로 월례회를 열어서 자신들이 새로운 프로필에 따라 얼마나 변화하고 있는지에 대한 피드백을 부하직원들에게 듣게 된다. 코멘트를 할 때는 반드시 구체적인 예시와 함께 설명해야 한다. 리더가 새로운 리더십 프로필에서 제거하고 감소해야 할 행동 및 활동을 실제로 줄였는가? 줄였다면 어떻게 했는가? 줄이지 못한 경우라면 어떤 상황에서 아직 그러한 행동을 보이고 있는가? 리더가 프로필에서 새로 제시된 활동을 하면서 가치를 창출하는 데 주력하고 있는가? 처음에는 회의를 하는 것이 불편할 수도 있다. 직원들은 상사에 대한 평가를 해야 하고 상사는 자신의 행동을 평가받아야 하기 때문이다. 그러나 모든 이들이 리더십의 변화가 자신의 실적에 긍정적인 영향을 주는 것을 보게 되면 얼마 지나지 않아 공동체 정신과 상호 존중이 뿌리내릴 것이다.

'앞으로의 프로필'에서 강조한 변화를 통하여 BRG는 리더십의 힘을 강화시키고 더 낮은 비용으로 큰 영향력을 만들 수 있었다. 이는 최전선 직원들에게서 도출된 결과만 보아도 알 수 있다. BRG에는 만 명 이상의 최전선 직원들이 있는데 이직률이 첫 해에 40%에서 11%로 감소했으며 이에 따라 채용 및 교육비용이 약 50% 줄어들었다. 결근이 감소한 것까지 포함하여 총 절약된 비용은 해당연도 기준으로 오천만 달러 이상에 달했다. BRG의 고객 만족도 지수도 30% 이상 상승했다. 그뿐만 아니라 모든 직위의 리더들이 스트레스를 덜 받았으며 자신의 능력을 더 확신하게 되어 회사와 고객에 더 많은 기여를

하고 스스로 발전했다고 대답했다.

네 가지 단계로 이루어지는 실행

변화를 시도하면 회의적인 시각이 나오기 마련이다. 보히카 증후군(BOHICA syndrome: 조직의 변화 시도가 계속 실패할 경우, 다시 새로운 변화를 시도하려 할 때 구성원들이 "또 시작이군, 이번에는 얼마나 갈까?" 등의 반응을 보이는 것) 같은 것이라고 생각하면 된다. 블루오션 리더십도 처음에는 이러한 반응을 맞닥뜨리겠지만 과정마다 잘 실행해나가면 이에 대응할 수 있다. 네 가지 단계는 공정한 과정이라는 원칙에 근간을 두고 있다. 그 원칙은 참여, 설명, 그리고 명확한 기대사항이다. 이와 같은 원칙의 힘은 아무리 강조해도 지나치지 않으며 우리는 지난 20년 간 이러한 원칙이 변화에 미치는 영향에 대하여 많은 글을 써왔다. (예시로는 1997년 7-8월 하버드 비즈니스 리뷰 '공정한 과정: 지식경제에서의 관리'가 있다)

리더십 개발에 공정한 과정을 적용하면 사람들이 이를 쉽게 받아들이고 '앞으로의 리더십 프로필'에 대한 주인의식을 가지게 된다. 이렇게 신뢰가 쌓이면 시행할 수 있는 기반이 준비된다. 공정한 과정 원칙은 여러 가지 방법으로 적용할 수 있는데 가장 중요한 사항은 다음과 같다.

- '존경받는 고위 관리자가 해당 과정을 지휘한다.' 의례적으로 참여만 하는 것이 아니라 직접 인터뷰를 진행하고 캔버

스를 그려야 한다. 이렇게 존경 받는 리더들이 참여하면 해당 과정의 중요성이 부각되어 모든 직위의 사람들이 존중받는다고 느끼게 되고, 고위 관리자들도 리더십 성과에 큰 변화를 일으키려면 어떠한 행동이 필요한지 직감적으로 깨닫게 된다. 일반적으로 직원은 다음과 같이 반응한다. 일반적으로 직원인 다음과 같이 반응한다. "처음에는 그냥 경영진들이 말로는 변화가 필요하다고 하면서 결국에는 늘 하던 대로 하는 그런 것인 줄 알았다. 그런데 최고 경영진이 직접 과정을 주도하면서 변화를 추진하는 것을 보자 이번에는 정말 제대로 할 것 같다는 생각을 하게 되었다."

• '리더가 무엇을 해야 하는지 결정하는

과정에 직원들이 참여한다.' '앞으로의 프로필'은 직원들이 직접 작성해서 만드는 것이므로 이에 따라 변화가 나타나면 직원들이 자신감을 가지게 된다. 또 직원들이 직접 리더가 무엇을 할지 결정하므로 더 긴밀하게 리더와 교류한다는 느낌을 받게 된다. 다음은 참여했던 사람들이 우리에게 한 말이다. "고위 관리자들이 리더가 무엇을 해야 하고, 또 무엇을 하지 말아야 하는지를 이해하기 위해 모든 직위의 직원들을 만나 대화를 나누겠다고 했을 때 나는 이런 생각을 했다. '누가 정말로 내 사무실을 찾아와서 문을 두드리면 그 말을 믿어야지.' 그런데 정말로 관리자들이 내 사무실 문을 두드리더니 우리 모두 더 성장할 수 있도록 만들겠다고 말했다."

- '모든 직위의 직원들이 최종 결정에 기여한다.' 조직 내 세 가지 관리자급이 맡고 있는 직원들이 각각 새로운 리더십 프로필 선정을 위해 투표를 한다. 최고 관리자가 '앞으로의 리더십 프로필'에 대한 최종 결정권을 가지며 가장 투표수가 많이 나온 프로필을 선택하지 않을 수는 있지만 모든 참석자 앞에서 자신의 결정에 대한 명확한 설명을 제공해야 한다. 다음은 일반적인 피드백의 예시이다. "처음에는 우리가 제시한 의견을 반영하겠다는 게 그냥 하는 말이 아닐까 의심했다. 하지만 우리의 아이디어가 '앞으로의 프로필'에 적용되는 것을 보고 우리의 목소리가 반영된다는 것을 깨

달았다."

- '기대사항이 충족되었는지 평가하기가 용이하다.' '있는 그대로 프로필'에서 '앞으로의 리더십 프로필'로 바꾸기 위해 무엇이 필요한지 확실히 하면 진행 상황을 모니터하기가 더 간단해진다. 리더와 부하직원들 간의 월별 검토 회의를 통해 조직 내에서 잘 진행되고 있는지 확인할 수 있다. 리더들은 이러한 회의를 통해 솔직하게 이야기하고 변화를 지속할 동기를 부여받으며 해당 과정 및 리더의 진실성에 대한 신뢰도 구축할 수 있다. 그리고 최고 경영진은 회의에서 나온 피드백을 수집하여 리더들이 '있는 그대로 프로필'에서 '앞으로의 리더십 프로필'로 얼마나 빨리 변화하고 있는지

평가할 수 있다. 이와 같은 평가는 연례 실적 평가에 대한 핵심자료가 된다. 다음은 과정에 참여한 사람들의 말이다. "한 페이지로 되어 있는 기존 및 신규 리더십 프로필에 대한 시각자료를 통해 변화되고 있는 진행 상황을 쉽게 추적할 수 있다. 이 자료를 보면 누구나 어떤 부분에서 기존 프로필과 신규 프로필 사이의 격차가 줄어들고 있는지 명확하고 정확하게 파악할 수 있다."

공정한 과정이 가져다주는 중요한 혜택은 바로 신뢰다. 그렇기 때문에 리더와 부하직원 관계에 필수적인 요소인 자발적 협력이 따라오게 된다. 조직에서 근무해본 적 있는 사람이라면 신뢰가 얼마나 중요한지 알 것이다.

과정과 상사를 신뢰할 수 있다면 더 열심히 최선을 다할 의지가 생기기 마련이다. 만약 신뢰가 없다면, 회사와 맺은 계약에 나와 있는 정도로만 노력할 것이며 고객의 마음을 얻고 가치를 창출하기보다는 자신의 위치를 지키고 권력싸움을 하는 데 힘을 쏟게 될 것이다. 그렇게 되면 직원들의 능력이 낭비될 뿐만 아니라 회사의 실적에도 좋지 않은 영향을 주게 된다.

블루오션 리더 되기

우리가 연구하는 기업의 능력과 활력은 감탄스럽다. 하지만 안타깝게도 부족한 리더십 때문에 이러한 역량이 얼마나 낭비되는지를 보면 경악스러울 정도이다. 블루오션 리더십은 이와 같은 악순환에 종지부를 찍는다.

리더십 캔버스는 구체적이고 시각적인 틀을 직원들에게 제공하여 이를 통해 리더가 개선해야 할 점을 살피고 논의할 수 있다. 또한 과정의 공정성 덕분에 변화를 시행하고 모니터링 하는 것이 기존의 하향식 접근방식보다 훨씬 용이하다. 뿐만 아니라, 리더들이 자기 자신의 정체성을 바꾸거나 평생 해오던 습관을 끊는 것이 아니기 때문에 블루오션 리더십은 시간과 노력이 비교적 많이 필요하지 않다. 리더들은 단순히 자신이 수행하는 업무만을 바꾼다. 블루오션 리더십의 또 다른 강점은 확장성이다. 회사의 최고 경영진이 과정을 시작할 때까지 기다릴 필요가 없다. 어떠한 관리자 직위를 가지고 있든지 네 가지 단계만 따르면 부하직원들의 잠들어 있던 잠재력을 깨울 수 있다.

블루오션 리더가 될 준비가 되었는가?

블루오션 리더십 그리드

블루오션 리더십 그리드는 리더의 행동 및 활동에 대해 직원들이 생각하게 하는 분석 도구이다. 직원들이 발전하는 데 방해가 되기 때문에 줄여야 할 리더의 행동에는 무엇이 있는지, 직원들이 최선을 다하도록 동기부여가 되기 때문에 더 많이 해야 할 리더의 행동은 무엇인지 생각하는 것이다. 리더의 '있는 그대로' 프로필에 따른 현재 활동(가치 있는 행동이거나 무가치한 행동) 및 직원들이 생각하기에 리더가 한다면 많은 가치를 창출할 새로운 활동들이 그리드의 네 가지 항목에 할당된다. 조직에서는 이 그리드를 활용하여 효과적인 리더십에 대한 새로운 프로필을 개발한다.

제거	감소	증가	생성
리더가 시간과 능력을 투자하는 행동 및 활동 중 제거되어야 하는 것은 무엇인가?	리더가 시간과 능력을 투자하는 행동 및 활동 중 현재 수준보다 훨씬 줄여야 할 것은 무엇인가?	리더가 시간과 능력을 투자하는 행동 및 활동 중 현재 수준보다 훨씬 늘려야 할 것은 무엇인가?	리더가 현재는 하고 있지 않지만 시간과 능력을 투자해야 하는 행동 및 활동은 무엇인가?

중간 관리자가 실제로 하는 일

'있는 그대로 리더십 캔버스'는 직원들이 생각하기에 리더가 하는 활동과 각 활동에 리더가 투자한다고 생각하는 시간, 그리고 에너지의 양을 보여준다. 아래의 캔버스는 리더십 캔버스를 기반 임 BRG의 중간 관리자에 대하여 이들이 안전한 플레이를 하는 규칙 집행자라고 직원들이 생각했다는 것을 보여준다.

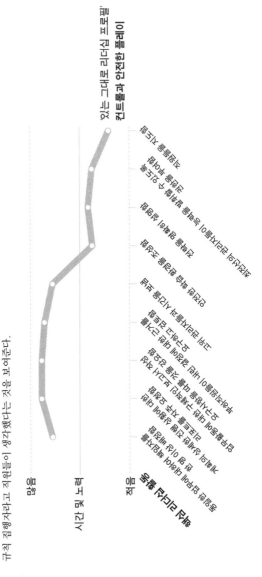

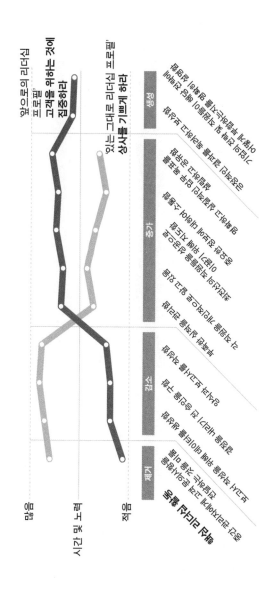

앞으로의 리더십 캔버스

최전선 관리자 : 상사가 아닌 고객을 위해 일하라

BRG의 최전선 리더가 현재 하고 있는 활동 vs 직원들이 생각하기에 이 리더들이 해야 하는 활동:

'앞으로의 리더십 캔버스'

중간 관리자: 컨트롤은 줄이고 더 많이 지도하라

BRG 중간 관리자의 현재 활동 vs 직원들이 생각하기에 중간 관리자들이 해야 하는 활동

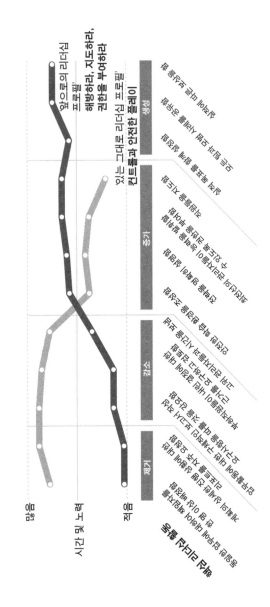

'앞으로의 리더십 캔버스'

고위 관리자 : 하루하루를 살기보다 큰 그림을 보라
BRG 고위 관리자의 현재 활동 vs. 직원들이 생각하기에 이 리더들이 해야 하는 활동

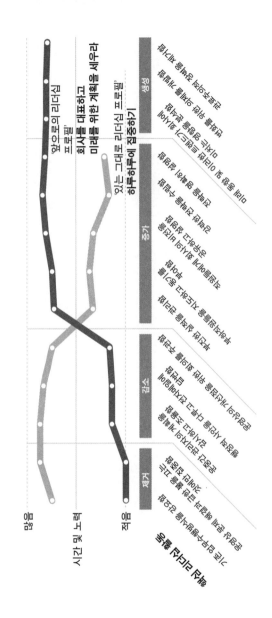

옮긴이 후기

흔히 핏빛 경쟁이 가득한 시장을 레드오션, 경쟁 없는 유망한 시장을 블루오션이라 칭한다. 김위찬과 르네 마보안 교수가 제시한 블루오션 전략은 차별화와 저비용을 통해 경쟁이 없는 블루오션과도 같은 새로운 시장을 창출하려는 전략이다.

그렇다면 블루오션 리더십 전략이란 무엇일까? 간단히 말하자면, 블루오션 전략에서 경쟁이 없는 새로운 시장을 창출하는 것에 집중하듯이, 블루오션 리더십 전략은 감춰진 조직원들의 잠재능력과 블루오션처럼 아직 발견되지 못한 가치를 끌어올리는 것에 집중하는 리더십 전략이다. 기존 리더십 전략과의 차별점은 판매자가 고객에게 상품과 서비스를 제공하는 것처럼 리더십 자체를 리더가 상사나 부하직원에게 발휘하는 서비스로 본다는 것이다.

전통적인 리더십 개발은 리더 개인의 태도, 성격, 자질 등을 평가하는 이론적인 접근에서 이루어졌다. 따라서 지금까지 이루어진 리더십 개발 프로그램을 살펴보면 리더 개인의 성향이나 자질을 바꾸는 데 주력한다. '마윈처럼 경영하자' 혹은 '스티브 잡스의 리더십을 본받자'라는 식의 교육을 한다. 하지만 사람의 자질은 쉽게 바꿀 수 있는 것이 아니고 설령 바뀌었다 하더라도 이를 측정하는 것은 더욱 어려운 일이다. 블루오션 리더십 전략은 리더가 어떤 사람이 되어야 하는지보다 리더가 해야 하는 행동과 활동에 초점을 맞춘다. 누구나 알리바바의 마윈처럼 될 수는 없지만 마윈이 했던 구체적인 행동(예를 들어 스타마케팅을 통해 세간의 주목을 끄는 것)을 따라 할 수는 있다. 오늘날 조직에 진정으로 필요한 현대적 리더십이란 조직 구성원들이 자율적으로 능력을 개발하고 발휘하도록 이끌어주는 역할을 리더가 수행해 내는 것이다.

이를 위해 리더가 어떤 행동을 해야 하는지 어떻게 알 수 있을까? 사실 좋은 리더라는 평가는 리더 스스로가 할 수 있는 것이 아니다. 바로 여기서 블루오션 리더십 전략이 빛을 발한다. 리더가 속해있는 팀과 조직의 구성원들 곧, 리더가 좋은 리더인지 아닌지를 체감할 수 있는 당사자들이 직접 의견을 제시한다. 리더가 어떤 지원을 해주어야 구성원들이 일을 더 잘 할 수 있는지, 어떤 행동을 줄이고 어떤 환경을 만들어야 생산성이 증가할지는 구성원들이 직접 전달해야만 정확히 알 수 있는 부분이다. 어쩌면 그동안의 리더십 개발은 리더 개인이 노력해야하는 혼자만의 외로운 싸움이었을지도 모른다. 하지만 블루오션 리더십 전략에서는 구성원이 함께 리더를 만들어낸다. 그렇기 때문에 리더의 행동은 실제 시장 현실과 밀접한 관련이 있으며 그 행동을 통해 조직원 전체에 리더십이 확산된다.

더 이상 리더가 모든 것을 결정하고 구성원들은 이를 수동적으로 따르기만 하는 시대가 아니다. 물론 구성원들이 '이런 리더가 되어 주십시오!'라고 말할 수 있는 조직이 되기 위해서는 리더와 조직 구성원 간의 신뢰가 밑바탕이 되어야 한다. 구성원은 리더를 믿을 수 있고 리더는 구성원과 친밀한 관계를 맺어 서로 어떠한 변화가 조직의 전반적인 발전을 위해 필요한지 허심탄회하게 털어놓을 수 있어야 한다.

이처럼 두터운 신뢰가 전제조건이 되어야 블루오션 리더십도 가능하지 않을까 생각해 본다. 2017년 세계경제포럼이 발표한 한국의 노동시장 효율성 종합순위는 73위였다. 이렇게 낮은 성적의 원인이 우리 한국 기업들 내에 만연한 조직 구성원의 수동적인 태도가 아닐까 생각한다.

조직 구성원의 수동적인 태도는 기업 내의 무기력함과 나태, 그리고 생산성 저하로 이어지기 마련이다. 조직 내 신뢰가 회복되어 리더십에 대해 모든 구성원이 개선 필요성을 공감하고 능동적으로 참여할 수 있도록 리더가 이끌어 줄 때 비로소 긍정적인 변화를 만들 수 있을 것이다. 블루오션 리더십 전략을 통해 조직 전반에 변화가 단번에 이루어지지는 못하더라도 일단 작은 부서나 팀 내에서부터 차근차근 리더가 팀원들을 주도하여 실천해 보는 것은 어떨까.

지은이 소개

김위찬과 르네 마보안은 MBA 순위상 5위 이내, 세계 제2위 규모의 경영대학원인 인시아드(INSEAD)의 교수이자 인시아드 블루오션 전략 연구소의 공동소장이다. 이들은 세계적으로 가장 상징적이며 영향력 있다고 인정받은 경영전략 교과서 중 하나인 '블루오션 전략'의 저자로, 전 세계 기업 및 정부를 위한 조언, 자문, 상담을 제공하고 있다. 블루오션 전략 이론은 전 세계 다양한 기업, 정부 및 비영리단체에서 적극적으로 채택하였으며 현재

1800개 대학의 강의에서 사용되고 있다. 360만 권 이상이 판매되었으며 44개 언어로 번역되면서 신기록을 세웠다. 김위찬과 르네 마보안 교수는 세계 최고의 경영 사상가 리스트인 싱커스50(Thinkers50)에서 3위 안에 이름을 올렸다. 이들은 전 세계적으로 수많은 학문 및 경영 관련 수상을 하였으며 수상목록에는 노벨스 컬로퀴아상 경영 및 경제 사상 리더십 부문(Nobels Colloquia Prize for Leadership on Business and Economic Thinking), 경영컨설팅 기업협회로부터 받은 칼 S. 슬로언상(Carl S. Sloane Award), 패스트컴퍼니로부터 받은 리더십 명예의 전당(Leadership Hall of Fame), AIB로부터 받은 엘드리지 헤인즈 상(Eldridge Haynes Prize) 등이 있다. 김위찬과 르네 마보안 교수는 다보스 세계경제포럼 회원이며, 르네 마보안 교수는 버락 오바마 대통령의 HBCU(Historically Black Colleges and Universities) 전담 자문위원회 위원이다. 김위찬 교수는 EU 및 다수 국가의 자문위원을 맡고 있다.

블루오션 경영

치열한 경쟁의 레드오션을 탈출하기 위한 성장 전략

초판 발행	2020년 1월 8일
1판 1쇄	2020년 1월 13일
발행처	유엑스리뷰
발행인	현명기
지은이	김위찬, 르네 마보안
옮긴이	김주희
주소	부산시 해운대구 센텀동로 25, 104동 804호
팩스	070.8224.4322
등록번호	제333-2015-000017호
이메일	uxreviewkorea@gmail.com

ISBN 979-11-88314-34-8

Blue Ocean Classics by W. Chan Kim, Renee Mauborgne